MARIE UND DAS ROSA KUVERT

Sylvia Döttlinger

Satz, Umschlag & Illustrationen: Kristin Neumann, www.rosa-himmel.de
Lektorat / Korrektorat: Mag. Julia Sittenauer
Umschlagsmotiv: Adobe Stock Nr. 216409551 & 644249010

Druck und Vertrieb im Auftrag der Autorin: Buchschmiede von Dataform Media GmbH, Wien
www.buchschmiede.at - Folge deinem Buchgefühl!

Besuche uns online

ISBN:
978-3-99152-907-1 (Paperback)
978-3-99152-906-4 (E-Book)

PRINTED IN AUSTRIA

INHALT

Für alle Maries dieser Welt

Ihr seid liebenswert.
Ihr seid mutig und stark.
Ihr seid wertvoll.
Ihr seid einfach wundervoll.
Ihr seid alle einzigartig.

Lasst euch ja nichts anderes einreden.

Ich weiß nicht, ob es besser wird,
wenn es anders wird,
aber es muss anders werden,
damit es besser wird.

(Georg Christoph Lichtenberg)

BAYRISCHE HEILE WELT

Ich bin Marie, Marie Gruber.

Mein Name ist so gewöhnlich wie mein Leben. Er passt zu mir – einfach und unaufgeregt. Ich bin keine Jessica, Jacqueline oder Chantal. Diesen Namen könnte ich nie gerecht werden.

Das Studium der Betriebswirtschaft, das ich nach meinem erfolgreich absolvierten Abitur begonnen hatte, langweilte mich mit seinen Statistiken und Zahlen recht bald zu Tode. Vor fünfundzwanzig Jahren studierte ohnehin jeder Betriebswirtschaft; jeder, der nicht wusste, was er sonst studieren sollte, so auch ich. Ich wartete nur auf die passende Gelegenheit, der Uni und den langweiligen Lesungen zu entfliehen. Die Gelegenheit bot sich mir im dritten Studienjahr und niemand freute sich mehr als ich.

Mit knapp dreiundzwanzig Jahren lernte ich Sebastian, von seinen Freunden Sebi genannt, kennen. Meine Kommilitoninnen und ich feierten in einer Studentenkneipe in Schwabing. Es war ein feucht-fröhlicher Abend. Als ich eine weitere Runde Wein-Schorle an der Bar bestellte, stand er plötzlich neben mir und lächelte mich mit seinen grünen geheimnisvollen Augen an. Auf Anhieb war ich fasziniert von ihm. Wie hypnotisiert hing ich an seinen Lippen. Sebi war humorvoll und charmant, aber auf eine angenehme und unaufdringliche Art – selbstbewusst und trotzdem kein Angeber.

Fünf Jahre älter als ich, stand er bereits voll im Berufsleben und arbeitete in einer Rosenheimer Versicherungsgesellschaft, gar nicht weit weg von meinem Heimatdörfchen. Seit diesem Kneipenabend waren wir unzertrennlich, und sechs Monate später trug ich eine Überraschung unter dem Herzen. Genauer gesagt, zwei Überraschungen. Es wurden Zwillinge: Lena und Anna. In den kommenden Jahren sollten noch zwei Buben folgen: Florian und Lukas. In kurzer Zeit sorgten wir also fleißig für Familiennachwuchs. Unsere Rente war gesichert.

Für Sebi, der wie ich aus einer gutbürgerlichen katholischen Familie stammte, war es Ehrensache, mich vom Fleck weg zu heiraten. Unsere Zwillingsmädchen sollten auf jeden Fall ehelich auf die Welt kommen. Darüber waren sich nicht nur unsere Eltern einig, auch mir war es mehr als recht. Im Grunde war ich ein einfaches Mädchen vom Lande, und ich freute mich auf meine kleine Familie. Ich träumte vom eigenen Häuschen mit Mann, Kindern und einem Hund, am liebsten nicht allzu weit weg von meinen Eltern und meiner jüngeren Schwester.

Diesen Wunsch erfüllten wir uns einige Jahre später mit dem Bau eines Einfamilienhauses in Großholzhausen. Interessanter Name, nicht wahr? Denn groß kann man unseren Ort mit seinen knapp eintausend Einwohnern nicht gerade nennen. Mein neues Zuhause war nicht weit von Rosenheim entfernt, mit dem Auto nur eine Viertelstunde und ungleich länger zu meinem Elternhaus. Einfach perfekt, alles überschaubar und gut zu erreichen. Genauso hatte ich mir das immer vorgestellt.

Innerhalb von zehn Jahren kamen unsere vier Kinder auf die Welt und belagerten nach und nach das große Haus, ähnlich einer Räuberbande. Statt eines Hundes komplettierte Kater Garfield unseren Familienclan und macht seinem Namen alle Ehre – fett, faul und philosophisch. Er ist der heimliche König unserer Familie und wird gekrault und liebkost wie kein anderer. Sebi beschwert sich manchmal, dass ich unserem Kater mehr Beachtung schenke als ihm. Er würde von mir nie so hingebungsvoll gekrault werden wie Garfield. Darüber lässt sich streiten. Ich persönlich finde ja, Katzen sind sehr verwöhnte Tiere, nur auf ihren eigenen Vorteil aus. Würde ich verletzt am Boden liegen, würde diese Tatsache Garfield mit Sicherheit keinen Deut scheren. Hauptsache, sein Napf ist voll. Hunde sind sehr wahrscheinlich treuere Gefährten, benötigen allerdings viel mehr Zeit und Aufmerksamkeit. Und genau daran würde es scheitern, keiner aus unserer Familie wäre bereit, in aller Herrgottsfrüh und bei Regenwetter Gassi zu gehen. Das bliebe hundertprozentig an mir hängen. Aus diesem Grund nehme ich Garfields Starallüren gerne in Kauf und kraule ihm hingebungsvoll sein fettes Bäuchlein.

Sebastian ist Versicherungsmakler mit Leib und Seele, auch in seiner Freizeit. Mit seiner geselligen und offenen Art sucht und findet er überall potenzielle Opfer, sogar im Biergarten. Genau aus diesem Grund müsse er so viel Zeit dort verbringen. Das behauptet er zumindest. Berufsbedingt sind wir auf Leben und Tod versichert, die gesamte Familie samt Haus und Hof. Mehr geht wohl nicht.

Wäre ich Model oder Schauspielerin, würde mein Mann wahrscheinlich sogar meinen Hintern und meine Brüste versichern. Zumindest bei meinem Busen ist der Zug definitiv abgefahren. Keine Versicherung der Welt würde mich mehr nehmen, höchstens zu einem exorbitant hohen Tarif. Was das betrifft, bin ich realistisch. Unsere vier Kinder wurden nämlich alle brav von mir gestillt, bis der letzte Tropfen Muttermilch aus mir herausgesaugt war und meine Brüste ihre ursprüngliche Form verloren hatten. Was tut man nicht alles als fürsorgliche und verantwortungsbewusste Mami, um seinem Nachwuchs einen gesunden, möglichst allergiefreien Start ins Leben zu ermöglichen? Sebastian steht auf große, wohlgeformte Brüste. Ich weiß das, obwohl er es nie im Leben zugeben würde. Wahrscheinlich findet er aus diesem Grund Frauen im figurbetonten Dirndl so charmant. Gott sei Dank ist mein Mann gut erzogen worden und lässt es mich daher nie spüren.

Ich getraue mich zu behaupten, bei meinem Hintern hätte ich sehr wohl noch reelle Chancen auf einen erschwinglichen Tarif. Er ist ganz gut in Form, für meine achtundvierzig Jahre.

Abends sehen Sebastian und ich meistens gemeinsam fern, vorausgesetzt er ist zu Hause. Am Wochenende machen wir hin und wieder Ausflüge in die nähere Umgebung.

Sebi kann man sich als richtigen Bayer vorstellen. Er liebt es, in seinen Stamm-Biergarten zu gehen, auf ein paar frisch gezapfte Halbe und eine Stelze oder einen

Schweinsbraten; mit Auswirkungen, die sich in den letzten Jahren nicht mehr übersehen lassen. Ab einem gewissen Alter geht ohne Sport gar nichts mehr. Und Sport ist nicht gerade eins seiner Lieblingswörter. Dafür hat er einen Lieblingsspruch: Ein Mann ohne Bauch ist wie ein Himmel ohne Sterne. Worauf ich meistens milde lächelnd entgegne, dass man sich viel schönreden könne, knuddle dabei aber liebevoll sein Bäuchlein.

Die Zwillinge studieren Betriebswirtschaft in München. Sie setzen also meine abgebrochene Laufbahn fort. Zum Glück sind sie wesentlich fokussierter und ehrgeiziger als ich. Sie befinden sich gerade in der Zielgerade. Der Bachelor ist bereits in der Tasche, im nächsten Jahr steht ihre Masterprüfung an. Am Wochenende, hin und wieder nur jedes zweite kommen sie mit Beutel voller Schmutzwäsche nach Hause, blockieren stundenlang das Badezimmer, um sich anschließend ins Nachtleben zu stürzen. Am nächsten Tag ist Erholung angesagt, von Unterstützung im Haushalt kann keine Rede sein. Wer also darauf hofft, mit Töchtern Haushaltshilfen in die Welt gesetzt zu haben, dem muss ich leider widersprechen. Diese Fantasien hatte auch ich lange gehegt, bin jedoch eines Besseren belehrt worden. An Schlampigkeit sind unsere zwei Mädels kaum zu überbieten.

Unser siebzehnjähriger Sohn Lukas geht auf das Gymnasium in Raubling. Er besucht dort den naturwissenschaftlich-technologischen Zweig. Unser Sohnemann genießt seine Teenager-Zeit in vollen Zügen. Aus diesem Grund ist er immer knapp bei Kasse, da er sein von Sebi sehr großzügig bemessenes Taschengeld jeden Monat zur Gänze unter die Rosenheimer Gastronomie verteilt. In den Sommermonaten gibt es kein Fest, das er auslässt; er könnte ja was verpassen.

»Man lebt nur einmal«, so lautet sein Motto.

Flo, unser Jüngster ist dreizehn und geht auf dasselbe Gymnasium wie Lukas. Im Gegensatz zu seinem Bruder hat er den sprachlichen Zweig gewählt. Flo ist ein Sprachengenie. Ich habe keine Ahnung, von wem er diese Begabung geerbt hat. Sebi und ich sind froh, uns mit unseren Schulenglischkenntnissen notdürftig verständigen zu können. Unser Sohnemann liest neue Vokabeln einmal durch und schon hat er sie verinnerlicht. Beneidenswert, diese schnelle Auffassungsgabe. Ich bin sehr froh, dass er keine Lernprobleme hat, denn Schule ist für ihn eindeutig Nebensache, ein notwendiges Übel. Einzig und allein in Mathematik braucht er hin und wieder etwas Unterstützung. Hier ist meist der Einsatz meines Göttergattens gefragt. Sebi kann gut mit Zahlen. Gott sei Dank, denn Mathematik ist nicht gerade meine Stärke. Flo ist definitiv in der Vorpubertät, zockt am Wochenende bis spät in die Nacht und schläft bis Mittag. Genau wie sein Bruder. Wäre Langschlafen eine olympische Disziplin, hätten alle unsere Kinder gute Chancen auf Goldmedaillen. Montag und Mittwoch kutschiere ich Flo zum Fußballtraining. Wenn es in seinen Zeitplan passt, holt Sebastian ihn wieder ab. Während ich in der Ballsaison gefühlt jeden Sonntag mit den Müttern und den spärlich gesäten Vätern am Fußballplatz rumhänge, fährt Sebi mit seinem Bruder Max auf sämtliche Flohmärkte unserer Umgebung. Die beiden sind Flohmarkt-Junkies. Meine leisen Proteste werden meist augenblicklich im Keim erstickt. Also schweige ich still, da alles Weitere im Streit enden würde. Und ich hasse Streit.

Unsere Garage ist voll von dem alten Zeugs, das er regelmäßig heimschleppt und anschließend auf diversen Plattformen wieder verscherbelt, wenn ich Glück habe. Allerdings verdient er gar nicht so schlecht an seinem Hobby. Über die exakten Einkünfte weiß ich leider nicht Bescheid, denn hier ist mein Mann ein absoluter Geheimniskrämer. Er hütet seine Flohmarktkasse wie einen kostbaren Schatz.

Mein Leben verläuft also in recht beschaulichen Bahnen, und das ist gut so. Meine Lust auf Abenteuer hält sich in Grenzen. Ich bin ein Gewohnheitstier und hasse Veränderungen. Sie machen mir Angst. Das Wort per se birgt meist nichts Gutes in sich. Veränderung bedeutet schließlich, dass etwas anders wird. Und ehrlich gesagt, wollen doch die meisten Menschen und zu den gehöre ich definitiv, dass alles beim Alten bleibt. Veränderungen erfordern Mut und mutig war ich noch nie besonders.

Zumindest ist alles so weit gut.

Bis zu jenem folgenschweren Neujahrsmorgen nach einer alkoholgeschwängerten Silvesternacht. Er war der Beginn einer aufregenden Odyssee, die mich gnadenlos aus meiner Komfortzone herauskitzeln und mein heimeliges bayrisches Leben auf den Kopf stellen sollte. Turbulent, interessant, anstrengend und lebensverändernd – es wurde eine Reise zu mir selbst.

NEUJAHRSKATER

Ich spüre jedes einzelne meiner achtundvierzig Jahre, und zwar in einer Intensität, als wären es Katzen- oder Hundejahre. Apropos Hunde, eine Hundekälte hat es heute, stelle ich fest, als ich die Morgenzeitung ins Haus hole. Mit Sicherheit hat es Minusgrade an diesem klirrend kalten Neujahrsmorgen. Auch meine Laune liegt deutlich unter dem Gefrierpunkt, ich fühle mich wie gerädert. Der bloße Anblick der unzähligen schmutzigen Gläser in der Küchenspüle drückt meine ohnehin gedämpfte Stimmung noch tiefer in den Keller. Eine Silvesternacht mit unseren Freunden endet in den allermeisten Fällen feucht-fröhlich, irgendwann im Morgengrauen. Die Party findet jedes Jahr bei uns statt.

»Ach, bei euch ist es immer sooo gemütlich, wir freuen uns schon sehr darauf, und die Marie kocht so gut. Sie ist ja daran gewöhnt, bei ihrer Großfamilie«, heißt es bereits im November. Ja, und was tut die liebe Marie dann? Sie gehorcht natürlich, kauft ein und verbringt den ganzen Tag in der Küche. Die brave Hausmamsell kocht, schmückt liebevoll den Tisch mit kleinen Glücksbringern und wenn alle eintrudeln, tischt sie auf. Es ist nicht so, dass ich mich jemals offen darüber beschwert hätte, aber um ehrlich zu sein, traue ich mich nie, Nein zu sagen. Nicht zuletzt, weil ich genau weiß, dass alle furchtbar enttäuscht wären. Dennoch wäre ich froh, nicht jedes Jahr die Gastgeberin spielen zu müssen und mich einfach einmal nur bedienen zu lassen. Und das Beste an der ganzen Sache wäre, am ersten Tag des Jahres meine Küche aufgeräumt zu erleben. Vielleicht nächstes Jahr? Wir werden sehen.

Erleichtert, wenigstens das letzte Glas Sekt nicht mehr getrunken zu haben, brühe ich mir eine starke Tasse Kaffee auf und lasse mich mit einem Seufzer an unserem großen Küchentisch nieder.

Mein Blick schweift in unserer vertrauten Küche umher. Dieser Raum war immer schon der Mittelpunkt unseres Familienlebens gewesen. Was hat sich in den letzten zwei Jahrzehnten hier nicht alles abgespielt. Neben unzähligen gemeinsamen Essen, Familienfeiern, Geburtstagen und zig Hausaufgaben war sie Schauplatz kleinerer und größerer Dramen von Teenagern, inklusive heftiger Wutausbrüche und Liebeskummer der Zwillinge. Auch zahlreiche Spieleabende und hitzige Familienkonferenzen haben hier stattgefunden. Ja, unsere Küche hat so einiges erlebt und in ihre vier Wände aufgesogen. Sie ist definitiv das Herz und die Seele des Hauses. Heute sieht der große Raum irgendwie ungemütlich und trostlos aus. An diesem kalten Neujahrsmorgen fehlt ihm jegliche Spur der Wärme und Lebendigkeit, die er normalerweise ausstrahlt. Das neue Jahr geht ja gut los. *Verdammter Alkohol,* denke ich und presse beide Hände gegen meine pochenden Schläfen. Mein desolater Zustand bekräftigt mich in meiner weisen Entscheidung, äußerst selten Alkohol zu trinken. Ab und zu ein Gläschen Rotwein und im Sommer ein Schluck Bier, am liebsten aus Sebis Glas genügen mir. Mir gehts auch ohne Rauschmittel gut. Was heißt gut? Wesentlich besser. Auf alle Fälle war mir mein gestriger Alkoholkonsum wieder einmal eine Lehre. Mit beiden Händen forme ich ein Häufchen aus den übrig gebliebenen Popcorn- und Chips Resten, die sich über den Tisch hinweg verteilt haben.

Mein trüber Blick fällt auf Garfield. Träge öffnet der Kater sein linkes Auge, nur um es sofort wieder zu schließen. Völlig erschlagen vom Lärm der Silvesternacht liegt er halb bewusstlos unter dem Christbaum, seinem Lieblingsplatz. Er wähnt sich wahrscheinlich im tiefsten Tannenwald, umgeben von Leckerlis und Mäusen. Ein Kater müsste man sein. Diese Einfachheit. Die Gedanken drehen sich rund ums Fressen, Jagen und Schlafen. So weit ist es also bereits gekommen. Jetzt bin ich tatsächlich auf das Dasein eines Katers neidisch. Was ist bloß los mit mir? Gestern Abend oder besser gesagt, heute Morgen fühlte ich mich jung, leicht und ungeheuer witzig. *Activity* stand auf dem Plan. Unsere Männer zierten sich zunächst, mit der steigenden Menge Alkohol wurde die Hemmschwelle deutlich niedriger und die Stimmung gelöster. Es fehlte nur *Wahrheit oder Pflicht*. Das hätte dem Abend die Krone aufgesetzt; wäre aber wahrscheinlich keine gute Idee gewesen. Wer weiß, vielleicht hätten sich tiefe Abgründe oder verborgene Geheimnisse aufgetan und am Ende gar Freundschaften oder noch schlimmer

Ehen zerstört. Okay, vielleicht übertreibe ich ein wenig, es ist jedoch nicht komplett auszuschließen. Erst neulich habe mir ich einen Film angesehen, in dem es sich genauso abgespielt hatte. Ein harmloses Juxspiel hatte zum Zerwürfnis zwischen zwei besten Freunden geführt.

Also machten wir uns eben mit Pantomime zum Affen. Wie bitte soll man einen Schraubenzieher allein durch Mimik und Gestik erklären? Flo als einziges unserer Kinder, der Silvester mit uns feiert und das nicht ganz freiwillig, schämte sich offensichtlich zu Tode. Zumindest sah es danach aus, denn sein Gesichtsausdruck sprach Bände. Egal, Hauptsache, das Lachen kam nicht zu kurz. Ich fühlte mich für einige Stunden wieder jung und lebendig. Könnte man diese Leichtigkeit in Flaschen abfüllen und jedes Mal ein kleines Schlückchen davon trinken, wenn Not am Mann ist, das wäre himmlisch. Eine Marktlücke?

»Hast du mal ein Glätteisen?«, katapultiert mich eine mir unbekannte Stimme aus meinen Fantasien von einer neuen und womöglich florierenden Geschäftsidee. Erschrocken drehe ich meinen Kopf zur Seite. Leider zu schnell, ein stechender Schmerz kündigt sich an. Ein braunhaariger Wuschelkopf mit Bettfrisur schaut zur Küchentür herein. Du meine Güte, wer ist das denn? Ich strenge meine müden Gehirnzellen an. Mein Kopf fühlt sich an wie Watte. Im ersten Augenblick kann ich diese verschlafene Schönheit nicht zuordnen. Hier kann eigentlich nur Lukas im Spiel sein, unser Womanizer. Glücklicherweise hat unser Sohn das Naturell seines Vaters geerbt und kostet das Leben aus, in seiner ganzen Fülle. Recht hat er. An Selbstbewusstsein hat es ihm jedenfalls noch nie gefehlt, im Gegensatz zu mir. Er hat wohl die Silvesternacht genutzt, um neue weibliche Bekanntschaften zu knüpfen. Zumindest wird er später nie behaupten können, er hätte was verpasst.

Wie um alles in der Welt bringen das die jungen Mädels von heute bloß hin, dass zerzaustes Haar gleichzeitig natürlich und sexy aussieht? Neidvoll blicke ich auf die makellose und glattrasierte Haut der endlos langen Beine, die aus einem Mini-Pyjamahöschen hervorragen. Ganz ehrlich: Im Winter bekommen meine eigenen Beine äußerst selten einen Rasierer zu sehen.

Ohne Verlegenheit, mit einer beneidenswerten Selbstsicherheit steht das junge Mädel vor mir.

»Damit kann ich leider nicht dienen«, erwidere ich auf ihre Frage und greife automatisch an meine glatten Haare, die heute noch langweiliger und strähniger als üblich herabhängen – wie zerkochte Spaghetti. Eher bräuchte ich einen Lockenstab als ein Glätteisen, um meine Frisur einigermaßen in Form zu bringen. Ich hab doch keinen Friseursalon. Was glaubt die denn? Sowas von unverfroren.

»Schade, dann eben nicht«, meint sie schulterzuckend und verschwindet wieder. Wenn ich daran denke, wie schüchtern ich damals war, als ich das erste Mal bei einem Jungen übernachtete. Nie im Leben hätte ich mich in solch einer Aufmachung seinen Eltern präsentiert. Ich wäre vor Scham im Boden versunken. Am liebsten bin ich ohnehin im Morgengrauen verschwunden, um bloß niemandem begegnen zu müssen, weder auf dem Flur noch in der Küche und erst recht nicht im Bad. Beneidenswert, dieses Selbstbewusstsein. Bereits zum zweiten Mal breitet sich heute Neid in mir aus. Zuerst auf den Kater, nun auf den eigenen Sohn genauer gesagt auf seine neue weibliche

Bekanntschaft. Armselig kann ich nur sagen. Auf alle Fälle kann ich mir einiges von der Jugend abschauen, was das Selbstbewusstsein angeht.

»Hast du mal eine Kopfschmerztablette?«

Kurz darauf reißt mich erneut eine Stimme aus meinen Gedanken. Dieses Mal kenne ich sie, es ist die jammernde Stimme von Sebastian. Das Kopfkissen, noch halb im Gesicht und gezeichnet von einer rauschenden, alkoholgeschwängerten Nacht tappt er barfuß in die Küche. Na ja, Sebi ist halt nicht mehr 20, übe ich Nachsicht. Die Zeiten sind eindeutig vorbei, in denen man sich diese kleinen Sünden erlauben kann, ohne zwei Tage geläutert zu sein. Mein Göttergatte stöhnt noch ein wenig lauter, als plötzlich Flo in die Küche stürmt, putzmunter und seinen Lieblingsfußball im Schlepptau. Was ist denn heute in aller Früh los? Endlich habe ich mal kioskfrei und trotzdem herrscht ein Treiben wie am Bahnhof. Apropos Bahnhof, zwischen Haushalt und Fahrdiensten arbeite ich für einige Stunden als Aushilfe im Bahnhofskiosk meiner Cousine, wenn möglich unter der Woche vormittags, manchmal auch am Samstag. Die Arbeit ist nicht gerade mein Traumjob, aber irgendwie mag ich sie – zumindest an den meisten Tagen. Meine Cousine ist froh über meine Unterstützung und ich verdiene ein paar zusätzliche Euro für meine Haushaltskasse. Außerdem lassen sich die Arbeitszeiten gut mit Haushalt und Fahrdiensten vereinbaren. Nicht zuletzt arbeite ich gerne im Kiosk aufgrund der unzähligen Zeitschriften und Bücher. Von Lesestoff umringt zu sein ist nicht das schlechteste Arbeitsumfeld. Na ja, die Qualität unserer Bücher lässt etwas zu wünschen übrig. Die meisten davon sind romantische Liebesromane, Schundromane nach der Art von »*Dr. Stefan Frank*«. Meine Cousine hält nicht viel von anspruchsvollen Büchern. Sie ist der Meinung, hier wäre ein Kiosk nicht die richtige Adresse, dafür gäbe es schließlich Buchhandlungen. Womit sie wahrscheinlich recht hat.

Das Geräusch des Balles macht mich schier wahnsinnig. Unser Sohn trippelt durch die Küche wie ein Profifußballer. Wir sind doch hier nicht auf dem Fußballplatz, hat man denn gar keine Ruhe in diesem Haus! Flo kickt mit seinem Ball Garfields Wassernapf um, wie so oft. So eine Sauerei! Ich hasse Wasserflecken auf dem Holzfußboden. Sofort stehe ich auf und hole einen Putzlappen, um das Schlamassel zu beseitigen. Wie laut bitte kann ein Fußball sein? Das ist mir bisher noch nie aufgefallen. An einem Neujahrsmorgen schwillt das Geräusch zu einer Sirene an. Flo hat sich als Ziel gesetzt, ein zweiter Ronaldo zu werden. Ich lasse ihm seine kühnen Träume, er wird früh genug daraus erwachen. Ich bin ohnehin der Ansicht, er ähnelt eher einem Messi, zumindest was das Chaos in seinem überfüllten Kinderzimmer betrifft. Aber das ist eine andere Geschichte. Eine, die ich an diesem Morgen nicht fortsetzen möchte. Die nötige Energie dazu fehlt mir heute definitiv.

Heute heißt es, den Tag so gut wie möglich zu überstehen und mich am Abend auf der Couch vom Traumschiff in ferne Länder entführen zu lassen. Schiff ahoi!

SEBASTIAN

ALLES IST GUT

Mein Kopf brummt. Es waren eindeutig ein paar Bier zu viel gestern Abend. Oder es war das süße Prosecco-Zeugs, dieses Kopfweh-Frauengetränk, das mir meinen schweren Kopf beschert. Maries Freundin Susanne bestand darauf, dass nicht nur die Damen damit anstoßen müssten, immerhin gehöre das zu Silvester dazu. Typisch Susi, sie lässt nur allzu gerne jeden nach ihrer Pfeife tanzen. Genau wie Prosecco ist auch Susanne nicht unbedingt nach meinem Geschmack, und ich liege mit Sicherheit nicht falsch, wenn ich behaupte, dies wäre nur einseitig. Aber Marie lässt nichts über ihre Freundin kommen. Da verträgt sie keinen Spaß. Na ja, solange sie meiner Frau keine Flausen in den Kopf setzt, muss ich ihre Freundschaft wohl oder übel in Kauf nehmen.

Unauffällig riskiere ich einen Blick auf die Uhr, die Zeit vergeht einfach nicht. Marie und ich sitzen in trauter Zweisamkeit vor dem Fernseher, *Traumschiff* ist heute Abend angesagt. Der eingefrorene Grinser von diesem

Silbereisen geht mir gehörig auf die Nerven und macht meinen Zustand nicht unbedingt besser. Wenn ich den schon sehe. Wie er auf der Brücke steht, mit seiner Uniform – pfeilgerade, als hätte er einen Stock verschluckt. Da muss ich heute wohl durch. Die Traumschiff-Folgen am zweiten Weihnachtstag und zu Neujahr sind absolutes Pflichtprogramm. Da heißt es, ab auf das Sofa und gemeinsam in ferne Länder reisen und die an den Haaren herbeigezogenen Geschichten an mir vorüberziehen zu lassen. Da besteht sie drauf, meine bessere Hälfte. Obwohl sie sonst nicht gerade der bestimmende Typ ist, im Gegenteil. Marie ist einer der gutmütigsten Menschen, die ich kenne. Ein absoluter Familienmensch. Ich hätte mir keine bessere Frau und Mama für unsere Kinder schnappen können. Und kochen kann sie, meine Marie! Unglaublich. Mit dem gestrigen Silvestermenü hat sie sich wieder mal selbst übertroffen. Zugegeben, sie hat schon den ganzen Tag in der Küche verbracht. Immerhin haben unsere Freunde nicht mit Lob gespart, sie waren alle hellauf begeistert von den Leckereien, die Marie gezaubert hat. Ich kann schon verstehen, warum sie den Jahreswechsel am liebsten bei uns feiern. Das ist bereits eine langjährige Tradition, und meine Frau hat sich nie darüber beschwert. Wahrscheinlich findet sie sogar Gefallen daran. Ich finde ja, eine einfache Brotzeit oder ein paar Weißwürste mit Brezen hätten auch genügt, sie war jedoch der Meinung, das sei nicht passend für den Jahreswechsel. Unserer Freunde würden etwas Erleseneres erwarten, dem Anlass entsprechend. Und was den Trubel bei uns zu Hause betrifft, daran ist sie schließlich gewöhnt, immerhin haben wir vier

Kinder, die nicht gerade selten Freunde mitbringen. Als die Zwillinge noch ständig daheim wohnten, da ging es manchmal rund – Hauspartys, Übernachtungsgäste, ein Kommen und Gehen wie auf dem Rummelplatz. Gut, dass wir ein großes Haus und vor allem eine geräumige Küche haben.

Aber Marie hat alles gut im Griff. Wir sind ein eingespieltes Team, sie schmeißt den Haushalt und kümmert sich um die Kinder, während ich wochentags mit Arbeit im Büro eingedeckt bin. Und an den Sonntagen gehts mit meinem Bruder Max ab auf den Flohmarkt. Ja, ich habe es ganz gut erwischt mit meiner besseren Hälfte. Was ich am Stammtisch regelmäßig über Probleme daheim zu hören bekomme! Wie dominant und unzufrieden manche Frauen sind, es ist nicht zu glauben. Nicht mal auf den Flohmarkt hat er mitfahren dürfen, mein Spezi, der Rainer, als ich ihn letzten Donnerstag gefragt habe. Einen richtigen Besen hat er zu Hause, der Arme. Am Sonntag sei Familienprogramm angesagt, hat er gemeint und bedauernd die Schultern gezuckt. Na ja, da ist er schon selbst dran schuld. Ich sag immer: Jeder Mensch braucht seinen Freiraum, vor allem wir Männer. Eine gute Ehe muss das aushalten können.

Mein Bruder und ich haben ein gutes Auge für alte Sachen, die sich gewinnbringend verscherbeln lassen, denn Max ist ein wahrer Profi auf Versteigerungsplattformen. Marie würde staunen, wenn sie wüsste, wie viel sich in meiner Flohmarktkasse befindet. Die Sonntage sind tatsächlich der einzige Grund, weswegen wir hin und wieder in Streit geraten. Ausgerechnet Sonntag finden nämlich die meisten Fußballspiele von Flo statt. Das nächste Mal werde ich Max wohl oder übel absagen müssen. Sonst krachts am Ende doch irgendwann.

Endlich, das Traumschiff läuft in den Hafen ein, wurde auch allerhöchste Zeit. Jetzt noch die Sportschau und dann ab ins Bett. Morgen heißt es, früh raus und ab in die erste Arbeitswoche im neuen Jahr.

DER KATER KRALLT SICH FEST

»Zwei Glückslose und einen Lotto-Schnelltipp bitte.«

Als könnte man *Glück* kaufen, wie naiv ist der denn? Nicht zu fassen! Mürrisch und wortkarg händige ich meinem Kunden sein Glück aus.

Da Glück nicht eindeutig zu definieren ist, versuche ich, Gnade walten zu lassen. Schließlich kann der arme Mann nichts für meine schlechte Laune. Für den einen bedeutet Glück eben, im Lotto zu gewinnen. Für einen anderen den richtigen Partner zu finden und für den nächsten ein Dach über dem Kopf zu haben. Jeder hat seine eigene Definition davon. Manche freuen sich mehr über materielle Dinge und andere wiederum empfinden pures Glück, wenn sie Zeit in der Natur verbringen und die Sonne scheint. Glück ist etwas sehr Persönliches und liegt ganz im Auge des Betrachters.

Mir entfährt ein tiefer Seufzer, noch ganze drei Stunden Dienst liegen vor mir. Gott sei Dank ist es an diesem Samstagvormittag relativ ruhig, heute tummeln sich nur vereinzelt Menschen am Bahnhofsgelände. Normalerweise gefällt mir das rege Treiben, die unterschiedlichsten

Menschen begegnen mir bei meiner Arbeit: Urlauber, Pendler, Schüler, Reisende. Sie alle kaufen bei mir News, Klatsch, und wie es aussieht, sogar Glück in Form von Brieflosen und Lottoscheinen.

Ich bin heilfroh, meinen Kunden schnell wieder losgeworden zu sein, nur damit ich erneut in trübsinnige Gedanken versinken kann. Meine Lust zu plaudern hält sich heute eindeutig in Grenzen, obwohl ich eigentlich genau das an meiner Arbeit mag: die Gespräche und das Geplänkel mit Menschen. Manche kommen bloß regelmäßig zum Tratschen oder zum Teilen genauer gesagt Abladen ihrer Sorgen vorbei. Es sieht so aus, als gäbe es reichlich einsame Menschen, die froh sind, wenn ihnen jemand zuhört, aber es stört mich nicht, dieser Jemand zu sein. Manchmal fühle ich mich beinahe wie eine Therapeutin, leider ohne Honorar.

Außerdem liebe ich es, Leute zu beobachten. Dabei male ich mir die unglaublichsten Geschichten aus, wobei meiner Kreativität keine Grenzen gesetzt sind. Wiedersehensfreude, Abschiedsschmerz – an einem Bahnhof hat alles seinen Platz.

Heute interessiert mich keine einzige Geschichte und sei sie noch so interessant. Meine miese Stimmung begleitet mich bereits seit dem frühen Morgen, und sie lässt sich durch nichts und niemanden vertreiben. Als ich morgens in die Küche kam, stand der Toaster auf der Anrichte, zig Brotkrümel waren auf dem Boden verstreut und schmutzige Teller und Gläser stapelten sich auf dem Geschirrspüler. Rein, nicht rauf! Wie oft habe ich das in den letzten Jahren gepredigt? Reste des Proteinpulvers von Lukas abendlichem Shake klebten im Thermomix fest und sahen aus wie getrocknete weiße Farbe. Wie schwer sich diese Krusten entfernen lassen, das weiß nur eine Hausfrau, oder ein Maler. So ein Saustall! Außer mir lagen alle noch friedlich schlummernd in ihren Betten. Ich war genervt, aber so was von. Mit Absicht ließ ich alles liegen und stehen und verquirlte meine Frühstückseier mit einer Intensität, als würde ich sie für die Nachlässigkeit meiner Lieben bestrafen. Als wären die armen Eier schuld an meiner schlechten Laune. Am liebsten hätte ich meinem Ärger lauthals Luft gemacht. Vielleicht sollte ich das tatsächlich mal tun und einfach drauf losschreien. Ich konnte in diesem Moment sogar spüren, wie sich in meiner Kehle ein beginnender Wutschrei bildete, traute mich dann doch nicht, ihn rauszulassen, um nicht das ganze Haus zu wecken, rücksichtsvoll, wie ich bin. Mein Hals war ohnehin wie zugeschnürt und alles, was aus meinem Mund herauskam, war ein leises, frustriertes Stöhnen. Ich überlegte, ob ich nicht hin und wieder unserem Keller einen Besuch abstatten sollte, um auf Lukas‘ Boxsack einzudreschen. Er wäre ein gutes Ventil, um Dampf abzulassen, auf jeden Fall hilfreicher, als meine Wut ständig in mich hineinzufressen, wo sie langsam vor sich hin gärt und einen fauligen Geruch hinterlässt. Wenn man seine Wut richtig kanalisiert, kann sie sogar produktiv sein. Das habe ich erst neulich gelesen.

Die Zeit war leider zu knapp, um eine Box-Runde einzulegen, und so blieb meine Frustration in mir drin, wie so oft in letzter Zeit. Ich habe es so satt, jedem alles hinterherräumen zu müssen. Diese Schlampigkeit und Ignoranz zehren an mir und rauben mir Energie, von Tag zu Tag mehr. Ich war doch sonst nicht so empfindlich, umsorgte meine Lieben seit jeher, ohne mich je darüber beschwert zu haben. Wann bin ich so geworden? So wenig belastbar, unzufrieden und schnell überfordert im Alltag. Wenn ich ehrlich zu mir selbst bin, habe ich mir in den letzten Jahren eine Art von Scheinzufriedenheit zugelegt, die mich im Alltag funktionieren lässt. Um Gotteswillen, es ist nicht alles schlecht in meinem Leben. Vieles ist gut so, wie es ist, und ich möchte nicht undankbar erscheinen. Dennoch gibt es einiges, das im Argen liegt, und bisher habe ich es mir nicht erlaubt, mir diese Tatsache einzugestehen, geschweige denn offen auszusprechen. Jetzt lässt sie sich jedenfalls nicht mehr verleugnen. In letzter Zeit hat sich in mir still und leise eine latente Unzufriedenheit ausgebreitet und sie fühlt sich an wie ein lästiger, juckender Ausschlag, den ich nicht mehr loskriege. Manchmal kann ich mich selbst nicht mehr leiden. Die Frage aller Fragen ist: Was ist mit mir los und vor allem, wie kann ich dies ändern? Vielleicht übertreibe ich bloß maßlos, und mein Neujahrskater ist diesmal einfach extrem hartnäckig und versucht, sich mit seinen Pfoten an mir fest festzukrallen wie eine lästige Klette. Oder aber ich schlittere in eine saftige, ausgewachsene Midlife-Krise – verfrüht, ungebremst und ohne Vorwarnung. Es besteht noch eine dritte Möglichkeit, eine, an die ich nicht denken will: Ich muss ernsthaft etwas an meinem Leben ändern, etwas Grundlegendes. So kann es auf keinen Fall weitergehen.

Während ich vor mich hin sinniere und mich selbst bemitleide, vernehme ich die leise Musik aus dem kleinen Radio, das neben mir steht. Bei dem Lied geht es um die Wunder des Lebens und darum, sich Träume zu erlauben und etwas Neues zuzulassen. Ich mochte dieses Lied immer sehr, heute weckt es eine tiefe Traurigkeit in mir. Wo verbergen sich denn diese Wunder des Lebens, welche Träume warten darauf, gelebt zu werden? In meiner sentimentalen Stimmung ist es wahrscheinlich ohnehin besser, nicht genauer darüber nachzudenken.

Mein Blick fällt auf die vereinzelten Menschen, die heute unterwegs sind. Sie hasten vorbei, mit müdem und leerem Blick. Die meisten haben ihn starr auf ihre Smartphones gerichtet, ohne ihre Umgebung wahrzunehmen. Ich kann kaum jemanden erblicken, der lacht oder Wiedersehensfreude empfindet. Wahrscheinlich sehe ich heute nur das, was ich sehen will. In diesem Moment öffnet sich die Tür zur Bahnhofstoilette und ein Mann kommt heraus, mit struppigem Haar und zwei Plastiktüten in den Händen. Auf den ersten Blick kann ich erkennen, dass es sich um einen Obdachlosen handelt. Hat er etwa hier am Bahnhofsgelände einen warmen Schlafplatz für die letzte Nacht ergattert? Ist das Leben? Wann und wo hat er seine Träume verloren? Meine melancholische Stimmung ist bei diesem Anblick am absoluten Tiefpunkt angelangt. Welches Schicksal hat diesen Mann im besten Alter ereilt? Er kann höchstens Mitte vierzig sein. Warum lebt er auf der Straße? Er tut mir unsagbar leid. Wer weiß, vielleicht erwartet er nichts anderes vom Leben und ist zufrieden mit dem, was ist. Es steht mir nicht zu, darüber zu urteilen. Außerdem habe ich, wie es aussieht, genug mit mir selbst zu tun.

Zähflüssig verstreichen die Stunden bis zu meinem Dienstschluss. Endlich ist es so weit. Bevor ich nach Hause fahre, gönne ich mir im Café nebenan eine große Tasse Cappuccino und ein süßes, klebriges Croissant. Zucker – Balsam für meine Seele.

***

Die Wochen vergingen, die Tage wurden länger. Der Christbaum war längst abgeräumt. Garfield strich eine Zeit lang ungläubig mit hängendem Schwanz um den leeren Platz herum, schnüffelte hier und dort. Er konnte es schlichtweg nicht glauben, dass sein Lieblingsplatz plötzlich leer war und schien tatsächlich ein paar Tage beleidigt zu sein. Schließlich resignierte er und suchte sich ein neues Lieblingsplätzchen.

Meine Zeit war ausgefüllt mit Fahrdiensten, Arbeitsstunden im Kiosk und was eben in einem großen Haushalt alles anfällt. Der Alltag hatte mich fest im Griff. Es war also alles beim Alten. Dennoch hatte sich etwas verändert. *Ich* war nicht mehr die Alte. Ich fühlte mich irgendwie anders. Fremd. Beinahe so, als wäre ich zu einer anderen Person geworden. Als würde ich von oben auf mich herabschauen. Es war ein äußerst befremdliches Gefühl. Ich kannte es nicht und es machte mir Angst.

Eines Abends halte ich es nicht mehr aus und spreche mit Sebastian darüber. Als praktisch veranlagter und rational denkender Mensch hat mein lieber Mann meistens eine Lösung für meine Probleme parat.

»Sei mir nicht böse Schatz, ich glaube du schlitterst in eine Midlife-Krise oder die Wechseljahre stehen vor der Tür«, stellt Sebastian nüchtern fest.

Das war nun nicht gerade die Antwort, die ich mir erhofft hatte. Ich finde, etwas mehr Feingefühl oder Verständnis wäre schon angebracht. Immerhin fiel es mir nicht leicht, mein Herz vor ihm auszuschütten.

»Bist du verrückt!?«, entgegne ich daher beleidigt. »Ich bin erst achtundvierzig. Das geht doch gar nicht!«

Mit keinem Wort erwähne ich, in den vergangenen Wochen ähnliche Gedanken gewälzt zu haben.

»Natürlich geht das, warum denn nicht? Die einen früher, die anderen später«, erwidert mein Mann pragmatisch. »Du musst aufpassen, dass du dich nicht komplett verausgabst. Willst du meine Meinung hören?«

Ich nicke ergeben. Er wird sie mir sowieso auf die Nase binden, egal, ob ich will oder nicht.

»Ich vermute, du bist zurzeit einfach erschöpft. Es war alles ein bisschen viel die letzten Wochen. Sprich mit deiner Cousine, ob du Stunden im Kiosk reduzieren kannst, wenigstens für eine Weile. Und vor allem sei ein bisschen strenger mit Lukas und Flo. Lass die Mädels ihre Wäsche am Wochenende ruhig mal selbst machen. Sie sind alt genug. Du verwöhnst sie alle viel zu sehr. Du musst konsequenter sein. Die tanzen dir schon lange auf der Nase herum.«

Von ihm selbst kein einziges Wort. Beinahe muss ich grinsen. Das ist wieder mal typisch Sebi. Wer lässt sich denn von vorne bis hinten bedienen? Eine interessante Wahrnehmung hat mein lieber Mann. Außerdem, die letzten Wochen war nicht mehr los als üblich, es war wie immer – der ganz normale Wahnsinn des Familienalltags eben.

Mit spöttischem Unterton schlägt er vor: »Es gibt noch eine weitere Möglichkeit. Du fragst Susi, deine Freundin!

Die läuft doch von einem Seelenklempner, Guru oder wie auch immer die alle heißen, zum nächsten. Sie kann dir mit Sicherheit jemanden empfehlen.«

Das Grinsen vergeht mir.

»Wenn du meinst, das wäre notwendig!«, entgegne ich schnippisch. Sebastian kann es nicht lassen, zu sticheln und abfällig über Susanne zu reden. Er kennt sie bloß nicht gut genug. Daher hält er sie für oberflächlich und verwöhnt. Zugegeben, nach außen wirkt sie manchmal tatsächlich so. Ich kann mit ihr nicht über alle Dinge sprechen, die mich beschäftigen, möchte ihre Freundschaft jedoch auf keinen Fall missen. Susi hat immer ein offenes Ohr für meine Belange, genügend Zeit und das Allerwichtigste: Sie versprüht gute Laune wie ein leichter Sommerregen und ist so herrlich unkompliziert. Genau das liebe ich an ihr, weil es meiner Seele einfach guttut. Manchmal wünschte ich mir, ich wäre genauso. Wenn ich mit ihr zusammen bin, fühle auch ich mich leicht und unbeschwert. Aus diesem Grund ist sie eine meiner liebsten Freundinnen. Davon abgesehen habe ich nicht wirklich viele. Brauche ich aber nicht, ich hätte gar nicht ausreichend Zeit und Energie dafür übrig. Ab einem gewissen Alter tut man sich ohnehin schwer, neue Freundschaften zu schließen – das behauptet zumindest meine Mutter. Sie vertritt die Meinung, man wäre bereits so festgefahren in seinen Gewohnheiten und verbinde eine gemeinsame Geschichte mit seinen langjährigen Freunden. Darum ist es in ihren Augen außerordentlich schwierig bis unmöglich, mit neuen Bekannten dieselbe Vertrautheit aufzubauen. Wenn meine Mutter von etwas überzeugt ist, ist jede Diskussion überflüssig. Es wäre bloß verlorene Energie. Ganz unrecht hat sie ja nicht. Dennoch bin ich der Meinung, es kommt immer darauf an, wie offen man für neue Bekanntschaften ist, ob man sie zulässt. Bei Susi fiel es mir leicht, mich zu öffnen und diese Vertrautheit zuzulassen.

Ich habe Susanne bei meinem Friseur kennengelernt. Wir saßen nebeneinander, und sie war mir vom ersten Moment an sympathisch, mit ihrer positiven Ausstrahlung und ihrem ansteckenden Lachen. Das war vor etwa fünf Jahren, kurz nachdem sie von München nach Großholzhausen gezogen war. Ihr Mann Erich, ein reicher Immobilienmogul, trägt sie auf Händen und bietet ihr ein sorgloses, finanziell abgesichertes Leben. Er wollte beruflich kürzertreten und aufs Land ziehen, dem Lärm und Stress der Großstadt entfliehen. Für Susanne war der Umzug zunächst ein Kulturschock gewesen. Im ersten Jahr fuhr sie beinahe jedes Wochenende nach München, in angesagte Klubs und ihre Stammkneipen. Heute zieht es sie höchstens einmal im Monat in die bayrische Hauptstadt, meistens in Begleitung ihres Mannes. Hin und wieder lasse ich mich dazu überreden, fühle mich dabei aber immer wie eine Landpomeranze, erst recht in Susis Begleitung. Meine Freundin hat eine angeborene Eleganz und Lässigkeit an sich, die ich nie im Leben erreichen werde, auch wenn ich mich noch so anstrenge.

Sebastians Verhalten ärgert mich maßlos, insbesondere seine Vorurteile Susi betreffend. Trotzdem ist der Gedanke, mich meiner Freundin anzuvertrauen, zweifelsohne keine schlechte Idee. Sie hat stets gute, wenn auch nicht immer alltagstaugliche Tipps parat. In diesem Fall ist das vielleicht gar nicht schlecht, immerhin erfordern besondere Zeiten spezielle Blickwinkel. Ich kann es kaum erwarten, ihre Meinung zu meiner angeblichen Midlife-Krise zu hören. Am liebsten wären mir natürlich passende Lösungsvorschläge.

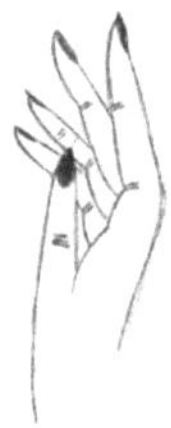

DOMINA LÄSST GRÜSSEN

Hurra, heute habe ich frei, im Gegensatz zu allen anderen Familienmitgliedern. Ich liebe die Vormittage, an denen ich alleine zu Hause bin. Sie haben Seltenheitswert, und genau deshalb sind sie überaus wertvoll. Bitte nicht falsch verstehen: Ich liebe meine Familie. Für nichts in der Welt würde ich sie eintauschen, okay, vielleicht für ein paar Stunden. Diese seltene freie Zeit nur für mich erzeugt in mir manchmal ein geradezu berauschendes Freiheitsgefühl. Zugegeben, ich übertreibe etwas, aber es hat schon was dieses zeitweilige Alleinsein in den eigenen vier Wänden.

Ich kann zum Beispiel beherzt und lautstark zu meinen Lieblingsliedern singen oder sogar ausgelassen zur Musik tanzen; ähnlich meiner Jugendzeit, in der ich zur Musik von *U2* und *The Cure* die halbe Tanzfläche in Anspruch nahm. Ich kann mich beim Yoga verrenken und mich mit dem herabschauenden Hund abmühen, ohne milde belächelt zu werden. Ich kann Selbstgespräche führen, ohne als verrückt abgestempelt zu werden. Ich kann nackt im ganzen Haus herumlaufen. Das würde ich nie machen, aber theoretisch könnte ich es tun, und allein das

Wissen ist ein äußerst befreiendes Gefühl. Ich könnte den Wäscheberg ignorieren und aus Solidarität mit unserem Kater Garfield alle Viere von mir strecken. Um noch eins drauf zu setzen: Ich könnte die Tür der Wäschekammer versperren, den Schlüssel abziehen, gut verstecken und daraufhin behaupten, er wäre verloren gegangen.

Wahnsinn, wie einfallsreich ich bei dem Gedanken werde, allein zu Hause zu sein. Ich laufe geradezu in Höchstform auf. Da soll noch jemand behaupten, ich wäre nicht kreativ. Ja, all diese Dinge könnte ich tun. Könnte, jawohl! Konjunktiv. Jedoch erlaubt mir ein gewisser Automatismus tief in mir drin dieses Verhalten ohnehin nicht. Disziplin ist seit jeher ein großer Teil meines Lebens. Sie einfach abzustreifen und mich treiben zu lassen, käme mir nutzlos, ja beinahe dekadent vor. Meine Vernunft gewinnt wie so oft die Oberhand. Natürlich wäre es effizienter, würde ich vorkochen oder Brot backen, die Vorratskammer aufräumen, den Gefrierschrank abtauen, die Bettwäsche von sechs Betten wechseln, die Fenster putzen, den Staubsaugerschlauch durch die Wohnung schleppen oder sechzig Paar Socken sortieren. Außerdem mache ich kein Yoga – noch nicht. Aber es steht schon lange auf meiner Liste. Sehr lange.

Am liebsten würde ich ohnehin die freie Zeit und vor allen Dingen die herrliche Ruhe nutzen, um ungestört zu lesen. Als Bücherwurm liebe ich es, in die Geschichten und in das Leben anderer Menschen einzutauchen und ein paar Stunden alles um mich herum zu vergessen. Ab dem Zeitpunkt, als ich in der Grundschule endlich alle Buchstaben aneinanderreihen konnte, war ich dem Lesen mit Haut und Haaren verfallen. Als Teenager las ich stundenlang auf meinem Zimmer, im Schwimmbad, einfach überall. Heute sind diese Stunden spärlich gesät. Doch sobald es meine knapp bemessene Freizeit zulässt, nutze ich die Gelegenheit und verschanze mich mit einem guten Buch in meinen Lieblingssessel im Wohnzimmer oder auf unsere Terrasse, je nach Wetter. Meine allerliebste Lieblingsjahreszeit ist der Herbst. Was gibt es Schöneres, als mit einer Tasse Tee, gutem Lesestoff und in einer kuscheligen Decke eingehüllt zu sein und sich an einem gemütlichen Plätzchen einem guten Buch zu widmen? Unzählige Exemplare von Bestsellern stapeln sich in unseren zahlreichen überfüllten Regalen. Ich finde, ein Raum ohne Bücher ist wie ein Körper ohne Seele. Mit diesem Zitat spricht mir Marcus Tullius Cicero aus dem Herzen. Mir fällt es unglaublich schwer, alte Bücher auszusortieren. Mein lieber Mann regt sich in regelmäßigem Abstand darüber auf. Er denkt in dieser Hinsicht pragmatisch. Ganz einfach: Wenn ein Buch ausgelesen ist, gehört es entsorgt und Platz für ein neues gemacht. Kein Mensch würde dasselbe Buch zweimal lesen. Er versteht nicht, dass es nicht darum geht, und er würde am liebsten alle meine gelesenen Bücher auf dem Flohmarkt verscherbeln. Ich gestehe: Ich bin ein Bücher-Messi und horte meine Bücher wie kleine Schätze, die ich am liebsten auf ewig behalten würde. Alte Freunde sortiere ich auch nicht aus, nur weil sie schon so lange da sind. Und ich verbinde beinahe mit jedem Exemplar eine bestimmte Erinnerung, allein das ist in meinen Augen ein triftiger Grund, sie zu hüten.

»Ach was«, treibt mich das kleine Teufelchen auf meiner Schulter an, »diese öden Haushaltssachen kannst du wohl genausο machen, wenn alle anwesend sind. So können sie wenigstens sehen, dass du genug zu tun hast.«

Das stimmt natürlich. Vorausgesetzt, es fällt ihnen auf. Aber an diesem Tipp ist eindeutig was dran. Ich sollte diesem Teufelchen viel öfter Beachtung schenken. Diese Stunden allein im trauten Heim sind zu kostbar, um vernünftig zu sein, und sie eignen sich hervorragend, um ein wenig über die Stränge zu schlagen.

Leider habe ich heute keine Zeit für diese Sperenzchen, auch nicht zum Lesen. Davon zu träumen ist trotzdem nicht schlecht. Sobald meine Lieben außer Haus sind, rufe ich augenblicklich meine Freundin Susi an und erzähle ihr vom Gespräch des vergangenen Abends – über meine angebliche Midlife-Krise.

»Da muss ich Sebastian ausnahmsweise mal recht geben, zwar äußerst ungern, aber in diesem Falle doch.« Ich bin perplex, seit wann sind die beiden einer Meinung? Das gefällt mir gar nicht.

»Du musst jetzt schnell handeln, meine Liebe, ansonsten stürzt du am Ende in eine Depression. Weißt du, eine Depression wird zur Aggression, wenn du nichts dagegen unternimmst. Entweder sie richtet sich gegen dich selbst in Form von Ängsten und Panikattacken, im Fachjargon Autoaggression genannt. Oder, nicht weniger schlimm: Du trägst sie nach außen. Damit meine ich, dass du deine innere Unzufriedenheit und die daraus resultierende Wut an deinen Mitmenschen auslässt, sozusagen um dich schlägst.«

Danke vielmals, das ist eine Ansage. Eine, die mich in keiner Weise beruhigt. Susanne sieht sich liebend gerne als Hobbypsychologin und teilt tatkräftig und meist ungefragt gut gemeinte Ratschläge aus.

Sie lässt mir ohnehin keine Zeit zum Antworten, erkundigt sich stattdessen fachmännisch:

»Wie sieht's aus, möchtest du zu einem Psychologen, Coach, Schamanen oder zur Familienaufstellung? Mann oder lieber Frau?«

Puh, schwierig! So viele Entscheidungen am frühen Morgen. Psychologische Unterstützung spricht mich am ehesten an, klingt sehr seriös. Vor Schamanen, Geisterheilern oder dubiosen Gurus habe ich viel zu viel Angst. Ich überlege genau und wäge sorgfältig ab. Da ich vor dieser Person immerhin meine Seelengeheimnisse ausbreiten werde, ist mir die passende Chemie zwischen uns natürlich enorm wichtig.

»Eine Psychologin wäre mir am liebsten«, entscheide ich schließlich. Wahrscheinlich kann eine Frau meine wirren, für mich immer noch fremden Gedankengänge besser erfassen als ein männlicher Kollege.

»Gute Wahl, da bin ich ganz deiner Ansicht«, gibt mir Susi recht. »Ich kenne eine grandiose Adresse in der Innenstadt. Dr. Schreyer hat super Erfolge. Allerdings ist sie über Wochen hinweg ausgebucht. Wenn du bei der telefonischen Anmeldung rein zufällig meinen Namen fallen lässt, bekommst du mit Sicherheit baldigst einen Termin. Ich schick dir sofort die Nummer durch. Mach´s gut und ich will alles wissen, bis aufs kleinste schmutzige Detail. Caio, bis bald. Ich muss los.«

Und weg war sie. Stirnrunzelnd blicke ich auf das Handy in meiner Hand und wundere mich über Susis letzte Worte. Ich verstehe nicht ganz, was an dieser Sache schmutzig werden sollte. Ich sollte es bald erfahren – genauer, als mir lieb war.

***

Die Praxis der angeblich so legendären Dr. Maria Schreyer liegt im dritten Stock eines modernen, neuen Bürogebäudes in Rosenheim, fünfzehn Fahrminuten von meinem Zuhause entfernt.

»Frau Gruber, Sie haben riesengroßes Glück! Ein Termin ist ausgefallen, morgen um vierzehn Uhr. Ich bitte um Pünktlichkeit«, erklärte mir die Dame von der Anmeldung, als ich gestern nach dem Telefonat mit meiner Freundin angerufen hatte. So schnell hatte ich nun nicht mit einem Termin gerechnet. *Brauche ich wirklich psychologische Hilfe*, frage ich mich ernsthaft. *Fehlt es tatsächlich so weit?* Beinahe hätte ich einen Rückzieher gemacht. Aber gut, es scheint dringend zu sein, zumindest laut Sebastian und Susi. Auf keinen Fall möchte ich meine Aggression aus dem Ruder laufen und in eine Depression münden lassen. Oder war es umgekehrt? Ich kann mich nicht mehr genau erinnern. Egal, in beiden Fällen ginge es in die falsche Richtung. Außerdem habe ich extrem Angst vor eventuellen Panikattacken. Angst vor der Angst, das ist gut.

Ich beschließe, den Treppenaufgang zu nehmen. Bereits im zweiten Stock spüre ich meine mangelnde Fitness. Ich verspreche mir selbst hoch und heilig, meinen inneren Schweinehund, der von Tag zu Tag fetter und größer wird, nicht mehr zu füttern. Morgen gehts endgültig los mit leichten Sporteinheiten. Seit der Geburt meiner Kinder habe ich eindeutig ein paar Kilos zu viel auf den Rippen, die sich einen perfekten Platz auf meinen Hüften ausgesucht haben. Ich war Expertin im Reste essen, ein paar Nudeln da und ein Brötchen dort summieren sich.

Mit hochrotem Kopf und einem flauen Gefühl im Magen betrete ich die Praxisräume. Einen kurzen Moment lang stockt mir der Atem, und ich bin wie geblendet von der Pracht, diesem Luxus, den ich vor mir sehe. Wow! Psychologe müsste man sein. Der geräumige Eingangsbereich ist durch die bis zum Boden reichenden Fensterfronten lichtdurchflutet und das Ambiente riecht nahezu nach Geld. Nach viel Geld. Unsicher steuere ich auf den Empfangstresen zu. Während die Vorzimmerdame mit einem Telefonat beschäftigt ist, nutze ich die Gelegenheit, mich genauer umzusehen. Ein flauschiger cremefarbener Teppich liegt vor der ledernen Sitzgruppe, die ebenfalls in hellen Tönen gehalten ist. Abstrakte Bilder hängen an den strahlend weißen Wänden und zahlreiche Magazine, vor allem Immobilienzeitschriften liegen auf einem schwarzen Glastischchen. Der Raum ist bis ins kleinste Detail geschmackvoll und gediegen ausgestattet, jedoch steril und unpersönlich. Von Gemütlichkeit und wohlfühlen kann nicht die Rede sein. Typisch Susi, stets das Beste. Was die finanziellen Mittel von uns Normalsterblichen betrifft, schwebt Susanne in anderen Sphären. Blauäugig, wie ich eben manchmal bin, habe ich an den Stundensatz der lieben Frau Doktor keinen einzigen Gedanken verschwendet. Mir graut bereits vor der Rechnung. Am liebsten würde ich auf dem Absatz kehrtmachen und mich still und heimlich davonschleichen.

Oje, zu spät. Die Vorzimmerdame hat soeben ihr Telefonat beendet und flötet: »Frau Gruber, Sie haben Glück, die Frau Doktor ist bereits frei! Bitte erste Türe rechts.«

Dr. Schreyers Assistentin ist offensichtlich überzeugt davon, dass jeder, der zu ihrer Chefin vorgelassen wird, ein Glückspilz sei. Zumindest wird sie nicht müde, dies zu betonen. Ich werde es gleich erfahren, ob sie tatsächlich hält, was sie verspricht.

»Guten Tag, mein Liebe. Wie kann ich Ihnen helfen?«

Dr. Schreyer, umhüllt von einer Duftwolke eines schweren, aufdringlichen Parfüms und gestylt von Kopf bis Fuß, erhebt sich hinter ihrem riesigen, blank polierten Glasschreibtisch und streckt mir ihre Hand mit den perfekt manikürten, rot lackierten Fingernägeln entgegen. Wir schütteln uns die Hände und ich nehme Platz. Ihre Erscheinung schüchtert mich ein, ich fühle mich komplett fehl am Platz.

Wie war noch mal Ihre Frage, überlege ich angestrengt und verknote dabei meine ineinander verschlungenen Finger. Ich bin furchtbar nervös und fiebere bereits jetzt dem Ende der Stunde entgegen.

Ach ja, wie sie helfen kann. Tja, das ist zweifelsfrei eine gute Frage. Sie ist die Spezialistin, nicht ich. Anscheinend spürt sie meine Ratlosigkeit und fordert mich auf, ein wenig über mich zu erzählen. Ich erzähle von meiner Familie und werde dabei langsam ruhiger. Hier fühle ich mich auf sicherem Terrain. Ich weiß, wovon ich spreche, als ich ihr über meine Kinder, den Alltag und den Teilzeitjob im Kiosk berichte. Schließlich komme ich nicht umhin, die leise Unzufriedenheit, die sich in den letzten Wochen still und heimlich eingeschlichen hat, zu erwähnen; ist sie doch Grund für meinen Besuch.

Frau Schreyer macht sich eifrig Notizen und denkt kurz nach. Dabei klopft sie mit ihren langen Fingernägeln auf die Schreibtischplatte. Das Geräusch macht mich noch nervöser als ich ohnehin bin.

»Das klingt ja auf den ersten Blick gar nicht so schlecht, Frau Gruber«, findet sie schließlich.

»Vielleicht haben sie bereits davon gehört: *The attention goes, where the energy flows.* Das bedeutet, die Energie folgt immer der Aufmerksamkeit. Sie müssen einfach ihren Fokus anders ausrichten. Dann schaut die Welt sofort anders aus.«

Das ist nun nicht wirklich keine neue Erkenntnis für mich. Ist das ihr Ernst? Glaubt sie etwa, diese Weisheit sei mir komplett fremd? Vertritt sie doch inzwischen jeder zweite Hobbypsychologe. Da hätte ich auch Susanne fragen können und mir dabei viel Geld gespart. Außerdem steht sie in jedem Ratgeber, wie ich unschwer an den Zeitschriften im Kiosk erkennen kann.

»Ja, das verstehe ich«, wage ich kleinlaut zu entgegnen, »aber, was ist, wenn mir meine Energie flöten gegangen ist? Genau aus diesem Grund bin ich hier.«

»Wahrscheinlich brauchen Sie einfach ein wenig Abwechslung und Aufregung in Ihrem eher tristen und grauen Leben«, schlägt Dr. Schreyer vor. Ich fühle mich wie Aschenputtel.

»Endlich einmal raus aus dem eintönigen Alltagstrott und rein ins Abenteuer. Vielleicht ein Yoga-Retreat, allein oder mit einer guten Freundin? Oder eine Mädels-Shoppingtour durch die Innenstadt. Sie haben hoffentlich Freundinnen, oder etwa nicht? Etwas Feines zum Anziehen, ein neues Dessous oder eine modische Frisur heben die Laune von uns Frauen sofort, nicht wahr? Wie sie hören, gibt es Gott sei Dank unzählige Möglichkeiten, Ihre Energie wieder zu pushen. Lassen Sie es wieder prickeln, Frau Gruber, und zwar mit Champagner und nicht mit billigem Prosecco von Aldi! Sie leben schließlich nur einmal. Gönnen Sie sich etwas. Das Leben ist zu kurz für irgendwann.«

Bei der Erwähnung einer neuen Frisur fährt meine Hand automatisch ans Haar und überprüft unauffällig seinen Sitz. Eine kleine Farbauffrischung und ein neuer Schnitt wären dringend angebracht. Modisch sieht anders aus. Frau Schreyer ist noch nicht fertig mit ihren Vorschlägen. Die gute Frau hat so einiges in petto.

»Wenn es sein muss, eine kleine Affäre. Das wäre doch was oder Frau Gruber? Da sind wir Damen augenblicklich um einiges zufriedener. Darüber hinaus profitiert auch gleich der liebe Ehemann davon! Wenn Sie wüssten, welche Auswirkungen ein kleiner Seitensprung auf den Ehealltag ausüben kann – belebend wie prickelnder Champagner, ein Selbstwert-Booster schlechthin. Sie würden staunen über den neuen Elan und die Dynamik, die sich daraufhin im ehelichen Schlafgemach ausbreiten!«

Champagner ist offensichtlich ihr Lebenselixier. Menschen wie ich müssen mit Prosecco vorliebnehmen. Was das Schlafgemach betrifft, hoffe ich, sie kann nicht hellsehen. Sie wäre erstaunt, ja mit Sicherheit entsetzt über die Flaute, die sich in den letzten Jahren dort eingeschlichen hat, still und leise – in beidseitigem Einverständnis. Abends zu müde und morgens keine Zeit. Wo bitte ist zwischen ungewaschenen Socken, einem Berg aus schmutzigem Geschirr und anderen lästigen Alltagsdingen noch ausreichend Platz für eine feurige Liebesbeziehung? Wer in dieser Sache erfolgreich ist, dem gebührt meine allergrößte Bewunderung.

Mit Begeisterung spricht die liebe Frau Dr. Schreyer weiter, lässt sich einfach nicht stoppen. Bis jetzt bin ich kaum zu Wort gekommen.

»Stellen Sie sich einmal vor, Frau Gruber, bei einem klitzekleinen Seitensprung profitieren gleich drei Menschen davon: Sie, Ihr Mann und Ihr Liebhaber. Ist das nicht großartig? Eine klassische Win-Win Situation für alle Beteiligten.«

Die Frau spricht eindeutig aus Erfahrung. Da bin ich mir so sicher wie das Amen im Gebet. Plötzlich spielt mein Kopfkino verrückt, ob ich will oder nicht. Ich sehe die Schreyer als Domina vor mir – in einer schwarzen, eng geschnürten Corsage, kniehohen, ebenso schwarzen, glänzenden Lackléderstiefeln, mit Handfesseln und einer kurzen Gerte bewaffnet. Um ihre Hand ist ein roter Seidenschal geschlungen, mit dem sie ihren Toyboy ans Betthaupt fesselt. Bitte, bitte ein Cut! Auf keinen Fall möchte ich diese Bilder in meiner Fantasie weiterspinnen. Ich fühle mich bereits jetzt wie ein heimlicher Voyeur. Mein Blick wandert verstohlen zu dem silbernen Fotorahmen auf ihrem Schreibtisch, aus dem mich ein Mann mit grau meliertem Haar mittleren Alters anblickt. Er fixiert mich mit seinen stechend blauen Augen, als könne er meine schmutzigen Gedanken lesen. Ich bin mir nicht sicher, ob ich diesen »*Richard Gere Verschnitt*« beneiden oder bemitleiden sollte. Wo bin ich hier bloß gelandet, etwa bei einer Sexualtherapeutin? Susi, du kannst was erleben!

Die Domina unterbricht meine Fantasien und fordert mich bestimmt auf: »Überlegen Sie sich bitte bis zum nächsten Mal, welche meiner Vorschläge Ihnen am besten zusagen. Lassen Sie sich alles in Ruhe durch Ihr hübsches Köpfchen gehen. Ich bin überzeugt, auch für Sie finden wir eine passende Lösung. Vertrauen Sie mir, ich habe bereits unzähligen Frauen zu ihrem Glück verholfen.

Es gibt bisher so gut wie keine hoffnungslosen Fälle im Laufe meiner Karriere. Da wären Sie die erste meiner KlientInnen.«

Na ja, einmal ist immer das erste Mal, aber ich will nicht pessimistisch sein. Stattdessen bleibe ich ruhig sitzen und warte sehnsüchtig darauf, dass ich endlich irgendetwas Handfestes erfahre, sei es noch so ein klitzekleiner Tipp oder zumindest ein Ansatz, mit dem ich arbeiten kann. Es sieht jedoch nicht danach aus, denn sie erhebt sich bereits hinter ihrem Schreibtisch und zwitschert mir fröhlich zu: »Oh, die Zeit verfliegt. Unsere Stunde neigt sich leider bereits dem Ende zu. Auf Wiedersehen Frau Gruber. Machen Sie bei Isabella einen neuen Termin und genießen Sie bis dahin Ihr Leben. Glauben Sie mir, es ist viel zu kurz, um Trübsal zu blasen. Schöpfen Sie lieber aus dem Vollen und kosten Sie alles aus, was es zu bieten hat.«

Ich glaube, sie spricht von Lukas. Der hat das voll drauf. Von ihm könnte ich zweifelsfrei noch einiges lernen. Frau Dr. Schreyer hält mir die Tür auf und draußen bin ich.

»Die Rechnung darf ich Ihnen gleich mitgeben?«, flötet Fräulein Isabella geschäftstüchtig. Auf ihre Frage nach einem neuen Termin reagiere ich etwas verhalten. Ich würde mich telefonisch melden, müsse erst in meinen Terminkalender schauen. Wieder im Auto luge ich vorsichtig ins Kuvert. Hundertachtzig Euro für fünfundvierzig Minuten! Ist das zu fassen, die Frau muss steinreich sein. Bin ich etwa bei einer Promi-Psychologin gelandet?

Ich kann es kaum erwarten, Susi von diesem Desaster zu erzählen. Diese Rechnung werde ich wohl oder übel aus eigener Kasse begleichen müssen. Da wird kein Weg daran vorbeigehen. Sebastian würde den Kopf schütteln über meine Naivität, mich nicht vorab über das Honorar schlaugemacht zu haben. Schade um mein Erspartes, aber durchaus eine interessante Erfahrung. Zumindest keine alltägliche. Die liebe Susi ist stets für Überraschungen gut. Auf alle Fälle wird es nie langweilig mit ihr. Dieses Mal hat sie den Bogen aber eindeutig überspannt.

***

Kaffeeklatsch am Küchentisch.

Susi lacht Tränen und kriegt sich nicht mehr ein.

»Es freut mich sehr, dass du dich über diesen kostspieligen Reinfall derart amüsieren kannst«, entgegne ich leicht empört, verbeiße mir jedoch ein Grinsen.

»Himmlisch, einfach himmlisch«, wiederholt sie immer wieder, nachdem ich ihr von der Domina und meinen Fantasien erzählt habe.

»Das war echt mal ein Erlebnis, nicht wahr? Deine Vorstellungskraft ist gar nicht schlecht für jemanden, der normalerweise ziemlich verklemmt, brav und angepasst ist. Alle Achtung, das hätte ich dir gar nicht zugetraut. Stille Wasser gründen tief.«

»Aha, so siehst du mich also. Das ist gut zu wissen«, reagiere ich nun doch ein wenig beleidigt.

»Na ja, wenn du ehrlich zu dir selbst bist, ganz unrecht habe ich nicht, oder?« Susanne kann manchmal erschreckend offen sein. »Trau dich endlich mal was. Und damit meine ich keine Affäre. Du bist viel zu viel darauf bedacht, was andere über dich denken. Sogar, was deine Nachbarn von dir halten. Wenn du gechillt in der Hängematte liegst, hegst du die Befürchtung, sie könnten vermuten, du seist faul und hättest nichts zu tun. Dabei sind die noch verklemmter als du. Diese kleine, biedere Vorstadtidylle wäre nichts für mich. Außerdem, was hast du davon, immer brav und fleißig zu sein oder stets das zu tun, was andere von dir erwarten? Als Kind wird man dafür vielleicht gelobt oder bekommt eine Belohnung, als Erwachsener hat man nicht mehr allzu viel davon. Das kannst du mir getrost glauben!«

Sie prustet erneut los:

»Ich kann es nicht glauben. Ausgerechnet du und eine Affäre! Wo ihr doch seit jeher ein Herz und eine Seele seid, dein Sebi und du. Vielleicht sollte ich der Schreyer mal einen kurzen Besuch abstatten«, überlegt sie und zwinkert mir dabei schelmisch zu. Für ihren Mann hoffe ich sehr, dass diese Überlegung bloß ein Scherz sei. Bei Susanne kann man sich nie sicher sein.

»Obwohl, ein bisschen Konkurrenz würde dem heiligen Sebastian nicht schaden. In meinen Augen ist sich dein Göttergatte, dieser kleine Macho, deiner zu sicher. Der weiß gar nicht, was er an dir hat«, legt sie noch einen drauf. Heute schlägt wohl die Stunde der Wahrheit.

Gott sei Dank weiß ich, wann ich den Mund zu halten habe, und zwar dann, wenn ich absolut keine Chance habe, Susi vom Gegenteil zu überzeugen. Das wäre bloß vergeudete Energie wie bei meiner Mutter. Und mit meiner Energie muss ich ohnehin gut haushalten. Also schweige ich still mit dem Wissen, dass Sebi mich sehr wohl zu schätzen weiß. Überall hat sie nicht den Durchblick, den sie vorgibt zu haben, die liebe Susi. Wären sie und mein Mann ein Paar, diese Konstellation wäre freilich wie Feuer und Wasser – eine explosive Mischung. Als

Erstes würde sie ihm sein Bäuchlein abtrainieren, und zwar mit einer Konsequenz, die ich nie an den Tag legen könnte, gutmütig, wie ich eben bin. Ihr Mann Erich hält sich seit Jahren fit und schlank, tummelt sich stundenlang auf dem Golfplatz und trainiert fleißig im hauseigenen Fitnessstudio. Wer hat, der kann. Na ja, eine gewisse Disziplin ist wohl erforderlich. Außerdem hat er Sebi und mir nicht nur einmal angeboten, ihr Studio jederzeit benutzen zu dürfen. Ich habe also nicht wirklich eine plausible Ausrede.

Was meine Gutmütigkeit und Nachsicht betrifft, halte ich mich stets an ein jamaikanisches Sprichwort, das ich kürzlich in einer Zeitschrift gelesen habe.

»Bevor du heiratest, halte beide Augen offen, doch hinterher drücke eines zu.«

Beim häufigen Zudrücken versuche ich, beide Seiten abzuwechseln, damit sich die Fältchen nicht einseitig rund um meine empfindliche Augenpartie eingraben. Diesen klugen Spruch halte ich mir seit gut dreiundzwanzig Jahren zu Gemüte. Liebevoll und gnädig. Ja, so bin ich. Ich versuche es zumindest. Manchmal platzt mir schon der Kragen – insbesondere in der Waschküche.

Ich ignoriere Susannes Aussage und versuche, lösungsorientiert zu denken. Schließlich steht Krisenbewältigung an. Das sieht nun auch Susi ein.

»Vielleicht wäre doch ein Coach die bessere Begleitung für dich«, findet meine Freundin schließlich. »Ja, eindeutig! Je länger ich darüber nachdenke, umso mehr komme ich zu der Überzeugung, das würde viel besser zu dir passen. Deine jetzige Gemütslage und das ewige Jammern und Zweifeln an dir selbst sind ja nicht mehr auszuhalten. Jemand muss dich endlich aus deinem Alltagstrott herausholen. Wann kapierst du endlich, dass viel mehr in dir steckt als die biedere Hausmamsell. Das kann doch nicht so schwer sein.«

Biedere Hausmamsell?? Schön langsam reicht's mir! Ich öffne bereits den Mund, um zu protestieren, da redet Susanne schon weiter: »Ich bin sicher, es schlummert so manches in meiner lieben Freundin. Ich habe ein gutes Gespür dafür, glaub mir. Es muss nur entdeckt werden. Die Kinder sind aus dem Gröbsten raus und du bist schließlich eine Frau im besten Alter. Du hast mit Sicherheit noch einiges zu bieten.«

Das klingt schon viel besser. Damit kann ich mich zufriedengeben. Endlich glaubt jemand an mich.

Nach ein paar Minuten angestrengten Nachdenkens ruft Susi plötzlich begeistert aus: »Stefan Müller, mein ehemaliger Studienkollege! Jawohl, er ist die Lösung, ich bin ganz sicher. Er hat sich, soweit ich weiß, auf Potenzialentwicklung und Lebensglück spezialisiert. Dass ich da nicht früher draufgekommen bin, ich Schussel! Nun gut, besser spät als nie. Den rufen wir jetzt sofort an.«

Susi ist von ihrem Geistesblitz derart angetan und nicht mehr zu bremsen. Gesagt, getan. Schnell googelt sie seine Nummer, tippt sie ein, und ohne vorher mein Einverständnis eingeholt zu haben, arrangiert sie einen sogenannten Kennenlerntermin. Der Termin ist bereits am nächsten Tag um siebzehn Uhr. Das ging aber flott. Nicht schlecht, eine Freundin zu haben, die überall gute Kontakte pflegt.

Ich frage mich, ob sich dieses Mal hoffentlich auch bei mir Begeisterung einstellen wird. Wir werden sehen. Schlechter als beim letzten Mal kann es ja wohl nicht werden.

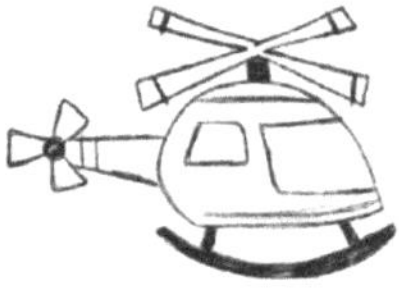

ERSTES BESCHNUPPERN

Nach dem Domina-Reinfall bin ich verständlicherweise etwas misstrauisch in Bezug auf Coaches, Psychologen, Lebensberater oder was sich sonst noch auf dem überschwemmten Markt alles tummelt. Etwas unentschlossen, ob ich wirklich hineingehen sollte, stehe ich vor dem Gebäude, in dem sich die Praxis von Susis ehemaligem Studienkollegen befindet.

An der Wand neben der Eingangstür hängt ein goldenes Schild:

Mental- und Lifecoach Stefan Müller. Ein bodenständiger Name. Das klingt schon mal gut.

Unterhalb seines Namens steht ein verheißungsvoller Slogan:

Entdecke deine versteckten Kräfte und entfalte dein volles Potenzial. Nutze deine Schöpferkraft und werde der Mensch, der du sein willst.

Ich finde den Slogan überaus optimistisch und ziemlich hoch angesetzt – typisch Lifestyle eben. Man liest und hört ja kaum noch etwas anderes. In jeder Zeitschrift in unserem Kiosk findet man mehr als genug Themen zu Selbstliebe, Glück, Dankbarkeit und Selbstvertrauen. Was meine Schöpferkraft oder Kreativität betrifft, da kann er lange suchen der liebe Stefan, wie eine Wühlmaus. Sie ist nämlich schier nicht vorhanden. Dabei wünsche ich ihm alles Gute, vor allem eine große Portion Geduld, denn die wird er definitiv brauchen. Ohne ihn kennengelernt zu haben, verspüre ich beinahe ein klein wenig Mitleid mit ihm.

Seit meiner Kindheit hasse ich basteln und zeichnen. Stricken und Handarbeit war erst recht nicht mein Ding gewesen. Jegliche Form von Kreativität liegt tief im Werkraum meiner Grundschule vergraben. Meine Werklehrerin verfolgte mich jahrelang nach der Schulzeit in meinen Träumen. Sie war eine strenge, hagere Frau mit Dutt, die ständig mit verkniffenem Gesichtsausdruck durch die Gegend lief und die ihren heiligen Werkunterricht als Hauptfach angesehen hatte. Vor jeder Stunde hatte ich Bauchschmerzen, und ich war die einzige Schülerin, die nie ein Sehr gut bekam. Auch Musikalität wurde mir nicht in die Wiege gelegt. Seit jeher war Notenlesen ein Buch mit sieben Siegeln für mich. Doch wer weiß, vielleicht findet dieser Stefan etwas tief Verborgenes in mir. Etwas, das ich selbst noch nicht entdeckt habe. Ein winziger Funken Hoffnung keimt in mir auf. Immerhin ist er darauf geschult, und der Slogan sollte schließlich Programm sein. Eventuell gewährt er sogar Garantie, sollte er am Ende nichts finden. Mit diesem optimistischen Gedanken ausgestattet entscheide ich mich schließlich, ihm eine Chance zu geben. Ich atme ein letztes Mal tief durch und betrete das Gebäude. Schlimmer als das letzte Mal kann es ohnehin nicht werden, beruhige ich mich.

»Hallo Marie, herzlich willkommen. Schön, dass du da

bist. Mein Name ist Stefan. Ich hoffe, es passt für dich, wenn wir uns duzen?«

Stefan Müller begrüßt mich so freundlich und enthusiastisch, als wären wir langjährige Bekannte.

»Du bist also die Freundin von Susanne. Sehr interessant«, meint er. »Susanne war ja schon immer eine Nummer für sich. Leider hat sie sich bereits nach zwei Semestern vom Psychologie-Studium verabschiedet. Seitdem hatten wir keinen Kontakt mehr. Ich hoffe, es geht ihr gut. Grüß sie bitte schön von mir.«

Stefan ist etwa in meinem Alter und wirkt auf den ersten Blick sehr sympathisch und vertrauenswürdig. Ich reagiere dennoch ein wenig misstrauisch. *Ob das mit dem Duzen wohl eine Masche ist, um Vertrauen aufzubauen und mehr aus mir herauszukitzeln? frage ich mich.*

Aber mir soll es recht sein, und nach einem knappen Zögern zeige ich mich einverstanden. Ich kann mein loses, bayrisches Mundwerk nicht halten und erzähle Stefan Müller von meinen Erfahrungen mit Dr. Schreyer.

»Ja, die liebe Frau Dr. Schreyer ist schon eine besondere Kollegin und etwas speziell, das muss ich zugeben. Sie hat jedoch durchaus nennenswerte Erfolge. Es kommt eben immer darauf an, was man braucht oder man sich erwartet«, entgegnet er mit einem spitzbübischen Grinsen.

Ich sehe, er weiß ganz genau, wovon ich spreche.

»Ich kann dir versichern, liebe Marie, meine Arbeitsweise verläuft komplett anders«, gibt er Entwarnung.

Na, da bin ich ja beruhigt.

»Zum besseren Verständnis möchte ich dir zu Beginn auf einfache Art und Weise näherbringen, was mentales Training bedeutet«, beginnt er mit seinen Erklärungen und meint: »Vorab das Wichtigste, Mentaltraining kann jeder nutzen, nicht nur Führungskräfte, Sportler oder Menschen, die in der Öffentlichkeit stehen; auch gestresste Hausfrauen, überforderte Schüler, Menschen in unglücklichen Partnerschaften, einfach alle, die Unterstützung in schwierigen Zeiten benötigen. Ist es nicht so, dass wir alle den Wunsch hegen, gesund, glücklich und erfolgreich zu sein? Wir alle müssen im Alltag immer wieder mit Stress und Druck umgehen. Wir alle haben uns hin und wieder Herausforderungen und Lebenskrisen zu stellen und wünschen uns, unsere Widerstandskraft zu stärken, damit uns nichts so leicht den Boden unter den Füßen wegzieht. Wir alle haben Beziehungen, wobei die allerwichtigste, die zu uns selbst ist. Ich denke, jeder Mensch strebt nach Gelassenheit und Ruhe, sowohl im Kopf als auch im Herzen. Für all diese Dinge ist mentales Training gedacht und äußerst hilfreich.«

Ohne Pause rattert Stefan diese Sätze herunter und ich finde, sie klingen fast wie auswendig gelernt. Mit Sicherheit hat er sie schon unzählige Male aufgezählt, und natürlich hat er recht, dieser Stefan. Freilich hat jeder Mensch das Bedürfnis nach Ruhe und Gelassenheit. Und dass sich jeder von uns in seinem Leben immer wieder kleineren oder größeren Herausforderungen stellen muss, daran geht leider kein Weg vorbei. Stress und Anspruch werden in unserer schnelllebigen und lauten Zeit nicht weniger.

»Ich werde dir in den nächsten Wochen nach und nach hilfreiche Werkzeuge an die Hand geben«, verspricht Stefan. »Sie werden dir dabei helfen, deine Ziele leichter zu erreichen, welche immer das sein mögen. Das gilt es nun herauszufinden. Und ganz wichtig: Coaching sollte in meinen Augen vor allem greifbar, alltagstauglich und leicht umsetzbar sein.«

Mich interessiert, was genau es eigentlich bedeutet, mental stark zu sein, und ich fühle mich ein wenig unsicher, als ich ihn danach frage. Ich hoffe, er wundert sich nicht über meine Unwissenheit.

Doch Stefan antwortet ruhig und gelassen auf meine Frage: »Einfach ausgedrückt: Du sollst dein eigener Herr und nicht Diener oder Sklave deiner Gedanken sein. Du allein bestimmst darüber, was du denkst, sowohl über dich selbst als auch über andere Menschen. Deine Gedanken sind ein überaus wichtiges Gut, sie beeinflussen den Großteil deines Lebens, nicht zuletzt dein Handeln. Sei also du selbst der Gestalter, lass niemand anderen darüber bestimmen. Du darfst dein Leben selbstbestimmt führen, mutig und zuversichtlich. Stell dir bildlich vor, du hättest einen inneren Kompass, der dich anleitet, ausgestattet mit der vertrauensvollen Gewissheit, auf dem richtigen Weg zu sein. Glaub mir Marie, es gibt viele verschiedene Wege und Möglichkeiten, dorthin zu kommen. Gemeinsam werden wir Step by Step die Richtigen für dich herausfinden.«

Das klingt traumhaft, fast zu schön, um wahr zu sein.

Weiter klärt Stefan mich darüber auf, dass er die erste Sitzung über dreißig Minuten stets kostenlos anbiete. Er bezeichnet es als Kennenlerngespräch. Danach entscheiden wir, ob wir harmonieren. Wie viele Sitzungen es letztendlich werden, könne er heute noch nicht genau abschätzen, wahrscheinlich fünf oder sechs Mal – je nach Fortschritt und Mitarbeit. Das abschließende Gespräch sei wiederum ohne Honorar. Ich finde, das klingt nach einem guten Angebot. Der Preis pro Sitzung ist ebenfalls absolut in Ordnung. Daher zögere ich nicht lange, es anzunehmen.

»Ich würde sagen, damit sind die Formalitäten und meine Arbeitsweise geklärt. Wie kann ich dir nun helfen, liebe Marie? Vielleicht magst du mir ein wenig von dir erzählen und vor allem, was dich zu mir führt.«

»Das ist eine gute Frage«, antworte ich darauf. »Ich weiß gar nicht, wo ich anfangen soll, da ich nicht genau benennen kann, was mit mir los ist. Irgendwie ist ja alles in Ordnung. Es ist nur so, dass ich seit Kurzem immer wieder ein seltsames Gefühl habe, anders als sonst. Ein Gefühl von Unzufriedenheit, als wäre ich überfordert und gleichzeitig unterfordert. Meine Energie ist im Keller, meine Motivation gleich null. Manchmal kann ich mich selbst nicht leiden.«

So wie jetzt zum Beispiel. Ich hasse diesen Jammerton, den ich eben an den Tag gelegt habe. Was wird denn nun dieser Stefan von mir denken?

»Na ja, einen Grund wird es schon geben, der dich zu mir geführt hat. Zufälle gibt es selten im Leben. Fang einfach an, alles andere wird sich im Laufe unseres Gesprächs schon klären!«, ermuntert er mich.

Also erzähle ich von meinem Leben, ähnlich wie bereits bei Frau Dr. Schreyer. Von Sebastian und den Kindern und meiner Arbeit im Kiosk.

Stefan hört mir aufmerksam zu und unterbricht mich kein einziges Mal. Zwischendurch schmunzelt er immer wieder, was mich ehrlich gesagt ein wenig irritiert. Dann stellt er diese Fragen, die ich schon immer gehasst habe.

»Was sind deine Träume Marie? Wofür brennst du? Was machst du gerne, was kannst du gut?«

Als könnte jeder Mensch auf diesem Ego-Trip daherreiten und auf einer Welle der Selbstverwirklichung surfen. Ich hatte es befürchtet. Mit dieser Art von Fragen muss man bei einem Coach wohl rechnen. Trotzdem bin ich nicht darauf vorbereitet, und dass ich sie nicht beantworten kann, macht die Sache nicht besser. Ein paar Minuten überlege ich angestrengt. Ich kann meine Gehirnzellen noch so fordern, es will sich absolut nichts einstellen. In meinem Kopf herrscht gähnende Leere. Ja, wovon träume ich denn? Wenn ich ehrlich bin, weiß ich das gar nicht. Habe ich überhaupt Träume? Sollte ich welche haben?

Stefan wartet geduldig, als hätte er alle Zeit der Welt. Die Minuten vergehen. In diesem Fall wenigstens nicht auf meine Kosten. Irgendetwas muss ich nun wohl sagen. Langsam wird mein Schweigen peinlich. Gott sei Dank, endlich fällt mir etwas ein.

»Ich bin ein absoluter Familienmensch«, beginne ich zögerlich. »Es ist mir sehr wichtig, für meine Familie da zu sein. Ich möchte meinem Mann und unseren Kindern ein gemütliches Zuhause schaffen, ihnen Sicherheit und Geborgenheit vermitteln; einen Platz, an den sie immer wieder gerne heimkommen. Seit ich denken kann, war es mein allergrößter Wunsch, eine harmonische Partnerschaft und eine große Familie zu haben. Ich gebe zu, manchmal verwöhne ich sie ein bisschen zu sehr. Aber dafür bin ich schließlich da, und es macht mir nichts aus.«

Das ist zwar nicht die ganze Wahrheit, diese muss ich jedoch nicht sofort beim ersten Mal hinausposaunen. Ich erwähne, dass ich für mich selbst nicht viel Zeit erübrigen kann. In einem großen Haushalt sei stets viel zu tun. Die Fahrdienste für meine zwei Jungs und ab und zu auch für die Mädels, würden sich nicht von selbst erledigen. Taxi Mama ist gut gebucht, leider kostenlos und zu jeder Tages- und Nachtzeit. Sebi weigert sich meistens, Lukas nachts irgendwo abzuholen. Er brauche seinen Schlaf. Außerdem ist er ohnehin kaum wach zu kriegen.

»Da haben sie großes Glück, deine Lieben.« Stefan lächelt. »Das klingt nach guter Ehefrau, fleißiger Hausfrau und bitte nicht böse sein, wenn ich das sage, ein klein wenig nach Helikopter-Mum.«

Helikopter-Mum? Wenn ich mich nicht komplett täusche, hat er mich soeben als Glucke bezeichnet. Zumindest war das früher die Bezeichnung dafür. Einen klitzekleinen Moment überlege ich ernsthaft, ob ich beleidigt sein sollte. Er hat natürlich nicht ganz unrecht. Ich weiß, dass ich harmoniesüchtig bin und es gerne allen recht machen will. Um das zu erkennen, muss man kein Hellseher sein, als Coach schon mal gar nicht. Ich springe also über meinen Schatten und bemühe mich, die »Helikopter-Mum« nicht allzu persönlich zu nehmen, zumal es die Wahrheit ist oder ihr zumindest sehr nahekommt.

»Es ist wunderbar und ein großes Geschenk, einen netten Partner gefunden und Kinder in die Welt gesetzt zu haben«, sagt Stefan. »Dieses Glück erfahren nicht alle Menschen. Die Frage jedoch ist, ob dies genug ist. Vor allem, ob es für dich reicht oder ob du noch mehr vom Leben erwartest.«

»Was ist denn falsch daran, sich liebevoll um seine Familie zu kümmern?«, werfe ich vorsichtig ein.

»Natürlich gar nichts.« Stefan hebt beschwichtigend beide Hände.

»Bitte versteh mich nicht falsch. Vielleicht lehne ich mich mit meinen Worten zu weit aus dem Fenster. Ich bin eben ein ehrlicher Mensch, der die Dinge gerne beim Namen nennt, insbesondere jene, bei denen es sich lohnt, genauer hinzusehen. Ich gebe meinen Klienten gerne Denkanstöße, die sie selbst weiterverfolgen dürfen. Ich sage bewusst »dürfen«, denn es ist kein Muss. Sie dürfen selbst entscheiden. Weißt du, Marie, es gibt Menschen, die übertünchen das Gefühl der eigenen vermeintlichen Unwichtigkeit damit, indem sie sich überschwänglich und mit ihrer ganzen Energie auf ihren Partner und oder ihre Kinder fokussieren; die alles für sie tun und nur so glücklich sind. Diese Menschen genießen das Gefühl, gebraucht zu werden, wichtig zu sein. Es wird zu ihrem Lebenselixier. Aber was passiert, wenn dich deine Kinder nicht mehr in dem Ausmaß brauchen wie bisher; wenn sie flügge werden? Was bleibt dann übrig? Nicht selten ist es eine Leere, die plötzlich aufklafft. Daher ist es nicht schlecht, sich einmal ernsthaft Gedanken darüber zu machen, wie sehr man es braucht, gebraucht zu werden, dieses dringliche Gefühl, für andere wichtig und unentbehrlich zu sein. Und noch viel wichtiger wäre es, vorzubeugen, damit diese Leere gar nicht erst entsteht, indem man sich gut um sich selbst kümmert, und zwar frühzeitig, nicht erst, wenn die Kinder ausgezogen sind. Es ist ohnehin so, dass nichts und niemand eine Leere in dir stillen kann. Weder ein Job noch ein Partner und schon gar nicht deine Kinder.«

Stefan sieht wohl an meinem Gesichtsausdruck, dass ich mich von seinen Worten leicht überfordert fühle und meint: »Ich will dir auf keinen Fall zu nahetreten oder gar andeuten, dass all das Gesagte bei dir und deiner Familie zutrifft. Das steht mir ohnehin nicht zu. Denk einfach in aller Ruhe darüber nach, wenn dir danach ist. Wie gesagt, es ist immer die Entscheidung des Klienten.«

»Darüber hinaus darf dir bewusst sein«, meint er, »dass Mama zu sein ein riesengroßes Entwicklungspotenzial in sich trägt. Nirgendwo kann man über soziales Verhalten mehr lernen als in der eigenen Familie. Sie ist ein unglaublich wertvolles Lernfeld, auf dem man sich austoben kann. Wo sonst geht es so stark um Beziehung, nicht nur zu seinen Kindern, sondern auch zu sich selbst. Dem Nachwuchs Grenzen zu setzen und ihnen dennoch den nötigen Freiraum zu lassen, das ist die große Kunst, die du erlernen darfst. Manchmal kann es nämlich ein »Too Much« sein. Das kennst du sicherlich. Dann haben deine Lieben womöglich das Gefühl zu ersticken, weil du ständig auf ihnen hockst oder sie andauernd maßregelst. Ich verstehe, dass es dir schwerfällt, lass sie trotzdem ihre eigenen Erfahrungen im Leben machen. Eltern sollen in Liebe für ihre Kinder da sein, aber ihnen nicht alles abnehmen. Es ist wichtig, ihnen zuzutrauen, gewisse Dinge selbst zu schaffen und dir als Mama nicht anzumaßen, alles besser zu wissen oder zu können. Dadurch nimmst du ihnen ihre Eigenverantwortung und zudem die Möglichkeit, Fehler zu machen. Denk an die Raupe, die zum Schmetterling wird. Sie muss sich ganz allein durch den engen Kokon quälen und selbst befreien, um am Ende fliegen zu können. Dieser Vorgang baucht Zeit und Geduld. Rückschläge gehören dazu und aus selbst gemachten Fehlern zu lernen. Genau dies heißt es als Eltern auszuhalten, obwohl es nicht immer leicht ist. Das Leben ist eben nicht immer einfach, und man kann seine Kinder nicht vor allem beschützen.«

Mit seinen Worten trifft Stefan einen wunden Punkt in mir. Denn genau das bin ich gefährdet zu tun, und dieses Verhalten werfen mir sowohl unsere Kinder als auch Sebi immer wieder vor. Ich sei ein Kontrollfreak und eine Glucke.

Stefan ist noch etwas eingefallen. Dabei kann ich eh schon nicht mehr klar denken. Mein Kopf schwirrt, er fühlt sich an wie ein Bienenstock.

»Eine Sache zum Schluss. Denn etwas ganz Wichtiges solltest du neben deinem Mama-Sein niemals vergessen. Dann bin ich endgültig still für heute«, verspricht er mir und meint lächelnd: »In allererster Linie bist du als Frau genauer gesagt als Mädchen auf die Welt gekommen. Deine Rolle als Mutter und die der Ehefrau kamen erst viel später. Darum achte darauf und erlaube es dir, auch zu Hause öfter einfach *Frau zu sein*, und nicht bloß Hausfrau in Jogginghosen, Schlabbershirt oder Küchenschürze.«

Auf den Mund gefallen ist er nicht, dieser Stefan. Er hat leicht reden. Ist ja alles schön und gut, bloß wann und wie kann ich das bitte im Alltag umsetzen? Soll ich etwa in der Sonntagstracht oder mit weißer Bluse Tomatensoße kochen oder die Dusche putzen? So etwas Realitätsfernes kann in meinen Augen nur ein Mann vorschlagen. Von Männern können wir Frauen noch einiges lernen. Sie sind sehr gut darin, sich zu nehmen, was sie brauchen und so zu sein, wie sie wollen. Das war schon immer so.

Seltsamerweise hat mir Stefan mit seinem ganzen Gerede meine Rolle in unserem Familiengefüge ein klein wenig madig geredet. Seine Worte haben einen fahlen Geschmack in mir hinterlassen und zugleich ein unterschwelliges Gefühl von Unwichtigkeit. Als wäre ich eine altmodische *Hausmamsell*. Hat Susi mich nicht genauso genannt – eine biedere Hausmamsell? Ich glaube schon.

»Wir werden es für heute gut sein lassen, Marie«, unterbricht Stefan meine Gedankengänge. »Für das erste Mal war das schon eine ganze Menge. Ich hoffe, du kannst ruhig schlafen heute Nacht. Mit den verschiedenen Rollen im Leben werden wir uns in den nächsten Wochen genauer auseinandersetzen.«

Er hat wohl instinktiv gespürt, dass ich von dieser ersten Sitzung ziemlich überfordert bin und es für heute mehr als genug ist. Daher schlägt er vor:

»Nun etwas Praktisches, damit du etwas zum Umsetzen hast und nicht nur zum Denken. Zuallererst beginnen wir damit, deinen Energielevel anzuheben. Das heißt im Klartext, deine Energie wieder langsam aufzubauen. Stell dir bitte anhand einer Skala vor, dein Energielevel wäre zurzeit unter fünfzig Prozent. So wie du mir deine jetzige Gefühlslage geschildert hast, bewegst du dich nicht weit davon entfernt. Dass in diesem Fall deine Stimmung nicht die allerbeste ist, das kannst du dir sicherlich vorstellen. So können sich in dir keine guten Gedanken und Gefühle formen. Darum möchte ich dir gerne als tägliche Hausübung bis zu unserem nächsten Termin ein paar einfache und alltagstaugliche, aber dennoch sehr effektive Tipps mitgeben.«

Mit diesen letzten Worten drückt mir mein neuer Coach ein Kuvert in die Hand, ein rosa Briefchen mit täglichen Aufgaben. Nachdem wir den Termin für nächste Woche fixiert haben, verabschiede ich mich von Stefan. Auf dem Flur bleibe ich kurz stehen, blicke auf das Kuvert in meinen Händen und schüttle ungläubig den Kopf. Hausaufgaben! Das habe ich nun nicht erwartet. Ich dachte, aus dem Alter bin ich schon lange heraus. Da bin ich gespannt. Irgendwie lustig als erwachsene Frau. Umsonst heißt es nicht, man lernt nie aus. Meine Belustigung sollte mir in den nächsten Wochen gehörig vergehen.

ÜBER KOSTENLOSES LIFTING UND GANZ BESONDERE FRAUEN

Der Morgen nach dem Kennenlernen.

Ich bin gespannt auf die ersten Hausaufgaben. Aufgeregt und mit einer kindlichen Neugierde, ähnlich wie an Heiligabend öffne ich das rosa Kuvert. Vorsichtig luge ich hinein, als bestünde Gefahr, etwas Bedrohliches könne herausspringen. Ich entnehme ein einzelnes weißes Blatt Papier und beginne Stefans handgeschriebene Zeilen aufmerksam zu lesen.

Für Marie.
Ich wünsche dir viel Erfolg mit den folgenden Aufgaben für diese Woche.

Schaffe dir eine kurze tägliche Morgenroutine.
(Beispiele: eine kurze Bewegungseinheit, fünf tiefe und bewusste Atemzüge bei offenem Fenster, höre nach dem Aufstehen dein Lieblingslied)
Wiederhole jeden Tag mehrmals folgenden Satz und blicke

dabei in einen Spiegel:
Ich bin eine ganz besondere Frau voller Kraft und Lebensfreude.

Bei regelmäßiger Anwendung betreibst du Energielifting pur. Achte in den nächsten Tagen bewusst auf Energieräuber in deinem persönlichen Umfeld. Umgib dich lieber mit Energiequellen jeglicher Art. Spiele mit deinen Möglichkeiten und finde heraus, was dir guttut.

Bis zum nächsten Mal.
Dein Stefan Müller

Ich muss über den Ausdruck *Energielifting* lachen. Die täglichen Aufgaben haben es jedoch in sich. Da werde ich mir wohl ein wenig Zeit freischaufeln müssen. Morgens ist es immer schlecht, weil alles schnell gehen muss. Nur für diese Morgenroutine früher aufzustehen, behagt mir gar nicht. Am besten, ich starte sofort mit der ersten Aufgabe, solange ich die Küche noch für mich alleine habe. Ich scrolle durch die Playlist auf meinem Handy und entscheide mich für *Love my life* von Robbie Williams. Das passt ausgezeichnet, besser gehts gar nicht. Ich öffne die Terrassentür und lasse frische Luft herein. Herrlich, sie riecht bereits nach Frühling. Während ich meinem Lieblingslied lausche, nehme ich fünf tiefe Atemzüge. Durch die Nase ein, durch den Mund aus. Keine Ahnung, ob es Einbildung ist, aber ich fühle mich danach tatsächlich besser. Wacher und klarer im Kopf. Sehr gut, das läuft ja wie am Schnürchen – gleich zwei Fliegen mit einer Klappe.

Falls ich die Spiegelübung an diesem Tag nicht mehr schaffe, werde ich sie eben auf morgen verschieben. Schließlich habe ich für meine Hausaufgaben die ganze Woche Zeit. Gut gelaunt und stolz auf meinen strukturierten Plan mache ich mich an die Frühstücksvorbereitungen.

***

Mein Optimismus hält leider nicht lange an. Schade, es wäre zu schön gewesen.

Am nächsten Abend stehe ich vor dem Badezimmerspiegel und versuche mich an der Übung mit der besonderen Frau. Vorsichtshalber habe ich die Tür zugesperrt. Für diese Hausaufgabe benötige ich absolute Ruhe und vor allem meine Privatsphäre. Immerhin ist sie etwas speziell und würde mit Sicherheit Kopfschütteln und Belustigung bei meinen Lieben hervorrufen.

Das Erste, was ich beim Blick in den Spiegel sehe, sind die lästigen Wasserspritzer, die Lukas und Flo tagtäglich mit ihrer ganz besonderen Zahnputztechnik fabrizieren. Nicht mit Absicht, wahrscheinlich fällt es ihnen gar nicht auf. Als Zweites mustere ich die feinen Fältchen, die sich zwischen meiner Nase und meinem Mund eingegraben haben. Sie sehen aus wie kleine Spinnweben oder wie Spuren auf einer Landkarte. Waren die gestern schon da? Oder habe ich mich etwa in letzter Zeit nie so genau angesehen? Meistens geht im Alltag alles schnell und der Blick in den Spiegel ist ein hastiger, im Vorbeilaufen. Wie auch immer, jetzt sind sie da und nicht mehr zu übersehen. Ich habe das Gefühl, mein fünfzigster Geburtstag rast im Eiltempo heran, und die Vergänglichkeit des Körpers holt mich zunehmend ein. Schnell wische ich die Spritzer am Spiegel weg. Andernfalls habe ich nicht die geringste Chance, mich auf meine Aufgabe zu konzentrieren.

Der Handywecker ist gestellt. Es kann losgehen.

»Ich bin eine ganz besondere Frau – voller Kraft und Lebensfreude«

Ich fühle mich wie eine Betrügerin oder wie eine zweitklassige Schauspielerin, als ich diese Worte laut ausspreche. Dieser Satz fühlt sich nicht stimmig an, eher so, als würde ich mich selbst belügen. Erstens fühle ich mich so was von normal, Durchschnitt und nicht im Geringsten besonders. Und das mit der Kraft und der Lebensfreude passt erst recht nicht. Ganz im Gegenteil. Aber es wäre schön, diese Kraft und die Lust aufs Leben wieder neu zu entfachen und das kleine Flämmchen in ein loderndes Feuer zu verwandeln, bevor es ganz erlischt und nur Schutt und Asche übrig bleiben. Ich habe gelesen, dass das menschliche Gehirn ohnehin mindestens einundzwanzig Tage braucht, bis es neue Verhaltens- oder Denkweisen konditionierte. Es besteht also noch Hoffnung. Bei der nächsten Sitzung werde ich mit Stefan darüber sprechen. In der Zwischenzeit übe ich fleißig mit dem Ziel, der besonderen Frau in mir zu begegnen, mich ihr wenigstens ein klein bisschen anzunähern. Dabei werde ich Geduld beweisen müssen, Selbstzweifel und ein geringes Selbstwertgefühl lassen sich eben nicht so leicht ausmerzen wie die mit einem feuchten Lappen weggewischten Flecken auf dem Spiegel. Da braucht es eindeutig mehr dazu.

Bei Minute Drei werde ich von einem ungeduldigen Klopfen an der Badezimmertür unterbrochen. Besser gesagt, einem Dauerklopfen, dazu Türklinke runter und rauf im Schnelltempo. Flo schreit: »Ich muss aufs Klo und Zähneputzen! Du hast Schuld, wenn ich zu spät ins Bett komme! Warum hast du abgeschlossen, Mama? Was machst du denn da drin?«

Ja, was schon? Die besondere Frau suchen. Diese Antwort kann ich ihm wohl nicht geben.

Von Privatsphäre ist in diesem Haus nicht viel zu spüren. Resigniert sperre ich die Tür auf und verschiebe meine Suche auf morgen. Vielleicht habe ich da bessere Karten.

***

»Na, wie geht es der besonderen Frau?«

Stefan grinst mich bedeutungsvoll an, als ich ihm bei meinem Termin in Woche Zwei gegenübersitze.

Ich kann nicht anders und grinse zurück.

»Na ja, noch will sie sich nicht zeigen. Die Dame ist recht schüchtern und hat sich gut versteckt.«

Mein neuer Coach beruhigt mich, indem er meine Theorie der dreiwöchigen Eingewöhnungs- und Konditionierungsphase neuer Verhaltensweisen bestätigt. Ideal wären allerdings drei Monate, so Stefans Ansicht.

»Sei unbesorgt, du hast also keinen Zeitdruck. Dieser Satz ist eine sehr wirkungsvolle Affirmation. Jetzt nur nicht aufgeben, unbedingt am Ball bleiben, Marie! Die meisten Menschen geben viel zu schnell auf, weil sich der Erfolg nicht augenblicklich einstellt. Es geht um die Wiederholung«, ermuntert er mich.

»Was um Himmelswillen ist eine Affirmation?«, frage ich ihn erstaunt. Schon wieder etwas Neues, womit ich konfrontiert werde. Dabei schwirrt mir der Kopf noch vom letzten Mal. Dieses Gerede von wegen Kontrolle und innerer Leere hat mir ehrlicherweise sehr zugesetzt und mich zum Nachdenken angeregt. Bin ich tatsächlich ein Kontrollfreak, eine Helikopter-Mutter – eine moderne Glucke?

»Gut, dass du fragst«, meint Stefan auf meine Frage hin. »Manchmal sind wir Coaches derart in unserem Fachjargon gefangen und setzen voraus, jeder Mensch müsse uns verstehen. Dem ist natürlich nicht so. Also bitte keine Scheu. Du weißt, es gibt keine blöden Fragen.«

Stefan klärt mich auf, was es mit diesem Begriff, den ich nie zuvor gehört habe, auf sich hat. Affirmationen seien positive und klar formulierte Sätze, abgestimmt auf die aktuelle, individuelle Herausforderung. Man solle diese Sätze so oft wie möglich wiederholen, man könne sie sowohl laut aussprechen oder sie sich im Stillen vorsagen; mit dem Ziel, das Unterbewusstsein mit neuen Informationen zu versorgen.

»Stell dir bitte eine Computer-Festplatte vor, auf der lästige Viren gelöscht werden und die danach neu formatiert wird.«

Stefan bemüht sich sehr, mir die Bedeutung und vor allem die positive Auswirkung von Affirmationen so anschaulich wie möglich zu erklären.

»Ich halte sie sogar für eine der kraftvollsten Möglichkeiten, um sich selbst neu zu programmieren. Dies klingt in deinen Ohren wahrscheinlich sehr technisch, aber ich finde sie einfach genial. Denn bei richtiger und regelmäßiger Anwendung haben sie die Kraft, hinderliche und festgefahrene Gedanken- und Verhaltensmuster nachhaltig aufzulösen und stattdessen wieder mehr Platz für positive Gedanken zu schaffen. Affirmationen sind der Schlüssel zu unserem Unterbewusstsein.«

Er meint, man könne die Sätze auch aufschreiben und als Post-it an den Kühlschrank oder an die WC-Tür kleben – an Orte, wo man mehrmals täglich vorbeikommt. Aufs Handy zu sprechen und sich beschallen zu lassen sei eine weitere Möglichkeit. Jeder Mensch habe seine individuelle Art, wie er Informationen dauerhaft in sich aufnimmt. Manche Menschen seien vom Typ her eher auditiver, andere wiederum visueller Natur.

Aha! Das leuchtet mir ein, grundsätzlich keine schlechte Sache, diese Affirmationen. Ich habe also die Möglichkeit, mein Unterbewusstsein zu beeinflussen, es mit meinen Wunschvorstellungen zu füttern. Zugegeben, das klingt äußerst vielversprechend.

Stefan gibt mir eine Liste mit verschiedenen Affirmationen. Ich sollte mir bis nächstes Mal drei aussuchen, die sich für mich stimmig anfühlen.

»Wie geht's denn mit den anderen Übungen voran?«, will Stefan danach wissen.

»Na ja, den Tipp mit dem bewussten Atmen und dem Lieblingslied finde ich zwar nicht schlecht, doch was soll ein Lied schon recht bewirken?«, gebe ich skeptisch zu bedenken. »Dadurch wird das Chaos in der Küche nicht kleiner oder meine Probleme nicht weggewischt, genauer gesagt weggesungen. Auch die Socken und die Schmutzwäsche werden nicht weniger.«

»Da hast du natürlich recht«, gibt Stefan zu, »aber dein persönlicher Umgang mit den Herausforderungen des Alltags kann sich ändern, deine Grundstimmung, mit der du in den Tag startest. Sie ist nämlich ausschlaggebend, wie sich dein weiterer Tag gestaltet. Du kennst sicherlich den Spruch »So, wie du in den Tag hineinrufst, so hallt es zurück«. Das ist eine uralte Weisheit und sehr treffend formuliert.«

Ich verbeiße mir ein Schmunzeln, denn wenn ich mich nicht täusche, heißt der Spruch *»Wie man in den Wald hineinruft, so schallt es zurück«*. Alles kann er eben nicht wissen, mein lieber Coach. Außerdem sind mir Menschen, die bereits am frühen Morgen gut gelaunt sind, so was von unheimlich, um nicht zu sagen, ein klein wenig unsympathisch. Natürlich weiß ich, dass er mit seiner Aussage absolut richtig liegt.

»Du musst ein wenig Geduld haben, Marie«, beruhigt mich Stefan. »Schließlich sind wir erst am Anfang. Es braucht Beständigkeit und vor allem die Bereitschaft, nachhaltig etwas an deinen Gewohnheiten zu ändern. Gut Ding braucht Weile.«

Wenn ich frühmorgens in unserer Küche die Schweinerei von Lukas abendlichem Shake vorfinde, dann fällt mir eine positive Grundstimmung äußerst schwer. Ich erzähle Stefan, dass mein Sohn nie vor dem Schlafengehen aufräumt und mich diese Tatsache extrem wütend macht.

Stefan schmunzelt, eine Tatsache, die mich leicht ärgerlich stimmt. Er hat ja keine Ahnung, was bei uns manchmal los ist, welches Tohuwabohu im Alltag herrscht. Wahrscheinlich ist er Single, lebt in einer aufgeräumten, blitzsauberen Wohnung und kann sich eine Reinigungskraft leisten.

»Kennst du den Begriff *Übergeneralisieren*?«, erkundigt er sich auf meine Erzählungen hin.

Nein, noch nie gehört. Ich verneine also.

»Er bedeutet, dass du eine Sache oder einen bestimmten Moment auf dein ganzes Leben umlegst. Verwendest du die Wörter *immer – alle – nie*, dann kannst du aufgrund dieser Verallgemeinerung ziemlich sicher sein, dass du falschliegst, dass du irrational handelst«, klärt Stefan mich auf und nennt mir als Veranschaulichung ein konkretes Beispiel.

»Du denkst also, Lukas macht den Thermomix nie sauber. In deiner augenblicklichen Wut hat sich der Gedanke in deinem Kopf festgesetzt, dass er nie tut, was du von ihm verlangst. Du bist in diesem Moment absolut überzeugt davon, niemand könnte dich umstimmen. Würdest du jedoch vernünftig darüber nachdenken, dann würdest du feststellen, dass das nicht stimmt. Denn manchmal tut er das sehr wohl. Ich kann mir nicht vorstellen, dass dein Sohn immer und überall alles liegen und stehen lässt. Bloß, wenn du in Fahrt bist, dann vergisst du jegliche Rationalität. Das ist menschlich und ganz normal«, beruhigt er mich.

»Manchmal kommt eine unerklärliche Wut in mir hoch«, gestehe ich plötzlich und bin danach selbst erschrocken über meine Worte, »sodass ich regelrecht Angst davor habe, Angst vor mir selbst.«

Stefan Müller scheint sich bei meinem Geständnis nichts zu denken. Gott sei Dank. Er ermutigt mich sogar und meint: »Dann scheu dich nicht und lass sie raus, Marie. Das ist vollkommen in Ordnung. Du bist nur ein Mensch. Unterdrück sie nicht ständig, deine Wut. Lass hin und wieder ordentlich Dampf ab, andernfalls schließt sie sich irgendwann wie eine Kette um deinen Hals und nimmt dir die Luft zu atmen. Oder sie hinterlässt ein Engegefühl in deinem Brustraum. Dieses Gefühl kennen wir wahrscheinlich alle.«

Ja, ich kenne beides. Stefan hat es sehr gut beschrieben, dieses Gefühl, wenn sich ein dicker Kloß in meinem Hals bildet oder ein Druck auf der Brust entsteht, als stünde jemand mit einem Fuß auf meinem Brustkorb und würde mir den Atem rauben.

»Um noch einmal auf das Übergeneralisieren zurückzukommen, möchte ich dir ein weiteres Beispiel nennen.« Stefan greift das Thema wieder auf, nachdem ich ihn mit meinem Geständnis unterbrochen habe.

»Du denkst über dich selbst, dass du immer so schrecklich undiszipliniert bist oder nie etwas durchhältst. Nur weil du es nicht schaffst, jeden Tag Sport zu machen. Ganz ehrlich, wer macht das schon? Die wenigsten Menschen sind derart diszipliniert. Das Gefährliche daran ist, indem du dieses selbstzerstörerische Verhalten immer und immer wieder an den Tag legst, kannst du deinem Selbstwert irgendwann im Keller einen Besuch abstatten. Denn all die Dinge, die du in deinem Leben bereits gut gemacht hast, die verschwinden mit einem Mal und verblassen bis zur Unkenntlichkeit. Das ist ziemlich schade oder etwa nicht? Dieses Übergeneralisieren gilt übrigens auch in Beziehungen. Plötzlich sind alle Männer schlecht, nur aufgrund einer einzelnen Erfahrung mit einem misslungenen Exemplar Mann. Man schließt also von einer Sache oder einer negativen Erfahrung auf alles und jeden.«

Stefan hat ein weiteres Beispiel parat.

»Ein weiterer Klassiker ist: Der Partner vergisst immer, den Müll zu entsorgen oder die Zahnpastatube zuzuschrauben. Es gibt unendlich viele solcher Kleinigkeiten, insbesondere im Alltag. Leider reagieren wir häufig persönlich und untergriffig, wenn uns etwas am Partner stört. Ich denke, du verstehst nun, was ich mit diesem Übergeneralisieren ausdrücken möchte«, schließt Stefan seine Erklärungen ab.

Ja, das tue ich. Er hat es mir sehr anschaulich erklärt – nach Hausfrauenart. So, dass es jeder kapiert.

»Aber die Sache mit dem *Energielifting*, die gefällt mir sehr«, sage ich aufrichtig begeistert.

Stefan lacht.

»Dann gehts dir wie mir. Ein absolut cooles Wort, dieses *Energielifting*, nicht wahr? Dazu völlig kostenlos, effektiv und ganz ohne Nebenwirkungen. Und das Beste daran ist: Es besteht nicht die geringste Gefahr, dabei seine Mimik zu verlieren.«

Ich schmunzle. »Im Gegenteil, es zaubert ein Lächeln aufs Gesicht.«

Wir sind beide sichtlich angetan von dieser witzigen Formulierung. Ich frage mich, wer solch ein Wort erfindet.

»Einfach ausgedrückt«, meint Stefan, »bedeutet es, du sollst deine Energie immer wieder pushen, auf einem gewissen Level halten. Egal wie – das bleibt ganz dir überlassen. Ob dies ein Waldspaziergang ist, ein gesundes, selbst gemachtes Essen, deine Lieblingsmusik, wertvolle Gespräche, ein Dankbarkeitstagebuch oder eine Runde Yoga. Sport ist immer gut. Nicht nur, weil er der Gesundheit dient oder beim Abnehmen hilft. Auch, weil du damit dich und deinen Körper wieder besser spüren kannst. Du siehst, es ist alles erlaubt. Jeder Mensch hat seine individuellen Energie-Pusher, seine Quellen, aus denen er schöpfen kann. Ich nenne sie gerne Krafttankstellen. Es geht nur ums Ausprobieren und in der Folge ums Dranbleiben. Das ist beinahe noch wichtiger. Vielleicht kennst du den Spruch vom Zauber des Anfangs. Ich persönlich bin davon überzeugt, dass die wahre Magie im Dranbleiben liegt.

Zum Abschied überreicht mir Stefan wieder ein rosa Kuvert und gibt mir ein paar herzliche Worte mit auf den Weg: »Schau gut auf dich, komm zur Ruhe und versuche, dir immer wieder kurze Freiräume zu schaffen. Feiere die kleinen Glücksmomente des Lebens. Richte deinen Blick liebevoll auf deine Familie, auf das Positive und nicht nur auf ihre Mängel und Fehler. Lobe deinen Mann und deine Kinder, obwohl es dir im Alltag wahrscheinlich nicht immer leichtfällt. Glaube mir, sie werden staunen und begeistert sein und vielleicht am Ende sogar von ganz allein ordentlicher werden. Denn ganz ehrlich: Fruchtet deine Nörgelei? Bringt sie nennenswerte Erfolge? Ich denke nicht, stimmt's oder habe ich recht?«

Er hat recht.

»Und was deine Energiequellen betrifft, probiere dich einfach aus, liebe Marie. Also bis in einer Woche. Ich freue mich auf unsere nächste Sitzung.«

Das sind wir schon zu zweit. Hätte ich gewusst, welche Überraschungen dieses Mal im Kuvert steckten, wäre meine Begeisterung wohl nicht so groß gewesen.

DER AKKU DER LIEBE

Später Sonntagmorgen.

Ich sitze vor meinen Hausaufgaben. Mein Coach hat sich wieder etwas ganz Besonderes für mich einfallen lassen. Stefans Ideenreichtum ist beachtlich, er wird nicht müde, mich zu fordern. Langsam, aber sicher bin ich der Überzeugung, dieser Mann ist sein Geld wert. Als 08/15 Coach würde ich ihn auf keinen Fall bezeichnen. Um das jedoch fachmännisch zu beurteilen, habe ich nicht ausreichend Erfahrung mit Coaches. Dieses Mal sollte ich einen Zettel mit drei Spalten ausfüllen. Es geht dabei um meine Werte und Bedürfnisse. Die Aufgabe passt zum Gespräch unserer letzten Sitzung. In welchen Rollen des Lebens sehe ich mich? Abgesehen von meiner Rolle als Ehefrau, Hausfrau und Mutter? Welche Bedürfnisse und Werte sind mir wichtig? Das weiße Blatt Papier liegt vor mir – noch unausgefüllt. Kein einziges Wort steht drauf, zumindest nicht von meiner Seite. Mir fällt absolut nichts ein, mein Kopf ist wie leer gefegt. Er fühlt sich an wie ein Vakuum, obwohl sich sehr viele Gedanken darin tummeln. Wie ist das möglich? Leer und voll zugleich. Seit gut einer Stunde bin ich am Grübeln über alles Mögliche und komme trotzdem nicht voran. Was hätte ich in dieser Zeit alles erledigen können. Das schlechte Gewissen drückt mich. Der Wäscheberg wartet darauf, gebügelt zu werden, die Fenster gehörten geputzt, der Kühlschrank ist leer. Die Liste ist lang, die Zeit ist kurz. Stattdessen sitze ich mit einer Tasse kalt gewordenen Kaffee am Küchentisch und denke über meine Werte und Bedürfnisse nach. Bedürfnisse können sich im Laufe des Lebens verändern, je nach Alter und Lebensphase. Als Jugendliche hatte ich freilich gänzlich andere Bedürfnisse als eine erwachsene Frau mittleren Alters, die sich angeblich – laut Susi und Sebastian – bereits in den Wechseljahren oder in einer Art Midlife-Krise befindet. Auch die Geburt eines Kindes, eine Trennung oder ein Jobwechsel lassen immer wieder neue Bedürfnisse aufleben. Aber wie siehts mit meinen Werten aus? Können sich Werte im Laufe des Lebens auch ändern? Welche Werte gehören denn zu mir? Welche fühlen sich richtig an, nach Marie? Nicht nach meinen Eltern und bisherigen Wegbegleitern. Was würde ich gerne einmal hinterlassen für meine Kinder und Enkel? Was bleibt von mir, wenn ich einmal nicht mehr da bin? So viele Fragen. Wie soll ich jemals die richtigen Antworten darauf finden? Gibt es überhaupt richtige Antworten darauf?

Wars das? Mein Leben auf dieser Welt? Eigentlich ist alles in Ordnung. Irgendetwas stört mich an dem Wörtchen »eigentlich«. Ich habe es gut erwischt, viel besser als manch andere. Meine Familie ist gesund, finanziell können wir uns ebenfalls nicht beklagen. Vielleicht wartet etwas auf mich? Etwas Wichtiges, tief in mir Verborgenes, etwas, das unbedingt noch gelebt werden will. Etwas, wofür ich auf diese Welt gekommen bin. Oder wird mit diesem ewigen Gerede über Bestimmung und Sinn des Lebens übertrieben? Ist es eine Modeerscheinung, weil die Menschen immer wieder nach etwas Neuem suchen?

Vielleicht steht am Ende meines Lebens auf meinem Grabstein: liebende Ehefrau und fürsorgliche Mutter. Das war ihre Bestimmung. Oder doch lieber: eine Frau, die ihre Möglichkeiten ausgeschöpft hat, ihr Leben in all seinen Facetten gelebt hat – mit Leidenschaft, Mut und Begeisterung. Das klingt schön. Beide Inschriften vereint wären ideal.

Ich kann mit Sebastian über diese Gedanken nicht sprechen. Er würde mich für undankbar und unzufrieden halten. Wahrscheinlich hätte er damit recht, oder? Ich liebe meinen Mann und unsere Kinder über alles. Sie sind das Beste, was mir je passiert ist. Dass es ihnen gut geht, steht an oberster Stelle. Sogar über mir? Ich möchte unserem Nachwuchs Wurzeln und gleichzeitig Flügel mit auf ihren Weg geben, damit sie mutig und stark ins Leben hinausgehen, mit dem Wissen, dass alles möglich ist, wenn sie nur fest genug daran glauben. Ich wünsche mir, dass sie verstehen, wie überaus wertvoll das Leben ist – ein kostbares Geschenk, das es nur einmal gibt. Ein Geschenk, das man nicht unausgepackt zurückgeben darf. Eine Art Wundertüte, aus der immer wieder neue Überraschungen hervorkommen, sogar dann, wenn man am allerwenigstens damit rechnet.

Das mit den Überraschungen ist so eine Sache. Insbesondere, wenn man in einer Familie aufgewachsen ist, für die »Abenteuer« oder »Anderssein« Fremdwörter waren.

»*Das ist nicht so einfach*« oder »*Wie stellst du dir das bloß vor?*«

Diese zwei Sätze habe ich in meiner Kindheit einmal zu viel von meinen Eltern gehört. Sie haben sich in mein Unterbewusstsein eingepflanzt wie die Prägung einer Münze und meinen Mut und mein Selbstvertrauen nicht blühen und gedeihen lassen. In letzter Zeit wird mir diese Tatsache immer mehr bewusst. Vor meiner Sinnkrise habe ich nie viel darüber nachgedacht. Auf keinen Fall möchte ich, dass meine Kinder das Gefühl entwickeln, das Leben sei kompliziert oder halte nichts Besonderes für sie bereit. Ich wünsche mir, dass sie mit Geborgenheit, Sicherheit und gegenseitiger Wertschätzung aufwachsen dürfen, begleitet von bedingungsloser Liebe, wie nur Eltern sie weitergeben können. Vollgefüllt bis obenhin, wie bei einem Akku. Der Akku der Liebe – ein schöner Vergleich. Passend und sehr prosaisch. *Vielleicht sollte ich Gedichte schreiben*, überlege ich ernsthaft. Immerhin war Deutsch in der Schule mein Lieblingsfach. Meine Aufsätze konnten sich sehen lassen.

Ist mein eigener Akku in meiner Kindheit von meinen Eltern gefüllt worden? Hatten sie denselben Wunsch für mich und meine Schwester gehegt? Wenn ja, was ich nicht bestreiten möchte, hat die Umsetzung nicht reibungslos funktioniert. Wir waren nicht gerade eine Familie, die dazu neigte, Gefühle auszusprechen, weder die positiven noch die negativen. Dabei war ich mir absolut sicher, dass meine Eltern mich liebten, aber hatte ich es jemals aus ihrem Mund gehört? Ich kann mich nicht daran erinnern. Ist das mit ein Grund, warum ich meine Kinder so verwöhne und ihnen immer wieder versichere, wie sehr ich sie liebe? Damit sie ihren eigenen Wert nie anzweifeln. Ich möchte gerne glauben, dass ich eine gute Mutter bin.

Jedenfalls fühlt sich mein Akku leer an, zumindest im Moment, warum auch immer. Nun liegt es an mir, in meiner eigenen Verantwortung, ihn wieder aufzufüllen. Schließlich bin ich heute eine erwachsene Frau und für mein Glück selbst verantwortlich. Die Zeit der Ausreden ist längst vorbei, Fremdbestimmung war einmal. Bloß wie anstellen? Das ist die große Frage. Eine Frage, die ich Stefan beim nächsten Mal unbedingt stellen muss, wobei ich befürchte, dass sie sich so auf die Schnelle nicht beantworten lässt.

Jetzt sind meine Gedanken weit abgeschweift, wieder einmal zu meinen Kindern – wie so oft. Bei dieser Übung sollte es um mich gehen, um meine Werte und Bedürfnisse und nicht die der anderen.

Das Problem an der ganzen Sache ist: Wenn man Kinder hat, ist man nie mehr komplett allein. Weil Kinder immer einen Platz im Herzen und in den Gedanken einer Mama einnehmen, selbst dann, wenn sie nicht da sind. Ob dies allen Eltern bei der Geburt eines Kindes in vollem Ausmaß bewusst ist? Ich denke nicht.

Konzentrier dich, Marie! Das kann doch nicht so schwer sein, bei einer Sache zu bleiben und herauszufinden, was du willst! Wer denn sonst, außer du selbst, ist in der Lage dazu?

Die Werte sollen nach Rollensystem festgelegt werden:

FAMILIE, BERUF, ICH

Plötzlich erinnere ich mich daran, dass mir Stefan in dieser Sache etwas Wichtiges mit auf den Weg gegeben hat. Er sagte zu mir: »Liebe Marie, ich habe in unseren bisherigen Gesprächen den Eindruck gewonnen, dass du deinen eigenen Wert noch nicht zur Gänze erfasst hast. Daher bitte ich dich um Folgendes: »Schreibe in deiner schönsten Schrift, und zwar in deiner Lieblingsfarbe ganz oben in der Mitte des Zettels den einen Satz!«

ICH BIN ICH – MARIE

Zunächst hatte ich nicht genau verstanden, was er damit sagen wollte; wahrscheinlich, dass ich immer dieselbe Person sei. Einfach Marie, nur eben in unterschiedlichen Rollen. Ehefrau, Partnerin, Freundin, ein anderes Mal Marie, die Mama meiner Kinder, wieder ein anderes Mal Marie, die Verkäuferin am Kiosk, die Tochter meiner Eltern. Letzten Endes bin ich immer derselbe Mensch. Jede einzelne Rolle in meinem Leben darf ich ausleben und genießen.

Okay, das ist erledigt, und es war nicht sonderlich schwierig. In meiner schönsten Schrift habe ich den Satz ganz bewusst und langsam geschrieben, ja fast schon gemalt – in Pink, meiner Lieblingsfarbe. Nun aber endlich weiter mit meinen drei Spalten. Den ganzen Tag möchte ich nicht mit meinen Hausaufgaben verplempern. Das Frühlingswetter lädt zum Verweilen im Freien ein. Das Mittagessen erledigt sich leider auch nicht von alleine. Ich hoffe, Sebastian lässt sich nach dem Essen zu einem Spaziergang überreden. Seine Lust auf Spaziergänge hält sich nämlich in Grenzen. Seiner Ansicht nach sind sie etwas für alte Leute, und alt würden wir schließlich noch früh genug werden.

Als Hilfestellung für meine Liste habe ich eine ganze Litanei von Werten zur Auswahl – von A wie Achtsamkeit bis Z wie Zuversicht. Die Spalte Familie fällt mir leicht.

Harmonie, Akzeptanz, Respekt, Humor, Sicherheit, Höflichkeit, Liebe.

Einmal damit begonnen, könnte ich dieser Spalte unendlich viele Werte hinzufügen. Es macht richtig Spaß, das hätte ich nicht gedacht.

»Wie sieht's aus? Kommst du mit in den Biergarten? Die Terrassensaison hat heute eröffnet.«

Sebastian kommt in Lederhosen bekleidet in die Küche und reißt mich aus meinen Überlegungen. Als traditionsbewusster Bayer liebt er seine *Lederne* und trägt sie oft wie nur möglich. Er lässt seine Hosenträger, auf deren Schild der Heilige Georg prangt, laut schnalzen und blickt neugierig über meine Schulter.

»Was schreibst du hier eigentlich die ganze Zeit? Ist das dein Einkaufszettel für morgen? Vergiss das Bier nicht, der Kasten ist fast leer.«

»Ich kann jetzt nicht«, antworte ich leicht genervt.»Geh du alleine. Bis morgen muss ich meine Hausaufgaben fertig haben. Wahrscheinlich hörte ich mich gerade wie Flo an, wenn ich ihn auffordere, sein Smartphone endlich einmal zur Seite zu legen oder wenn ich verzweifelt Handzeichen gebe, weil er mich aufgrund der lästigen Ohrstöpsel nicht hören kann.

Ich war nämlich gerade richtig in Fahrt und nicht erfreut über die Unterbrechung. Plötzlich kann ich Flo sogar verstehen. Bei einer wichtigen Tätigkeit unterbrochen zu werden, ist tatsächlich sehr ärgerlich.

Sebastian lacht herzhaft.

»Du bist doch nicht mehr in der Schule. Bekommst du etwa ein Minus von diesem Stefan, wenn du deine Aufgaben nicht rechtzeitig erledigst? Komm, pfeif drauf und komm mit. Schau mal aus dem Fenster, das Wetter ist herrlich. Außerdem brauchst du nicht zu kochen, wenn wir im Biergarten eine Kleinigkeit essen. Die paar Fragen kannst du wohl auch später erledigen, wenn du schon so pflichtbewusst sein willst.«

Ich bleibe stur, das kann ich, wenn ich will und lasse mich nicht überreden, obwohl die Idee, mit in den Biergarten zu gehen und mir die angenehm warme Frühlingssonne auf den Kopf scheinen zu lassen, durchaus verführerisch erscheint. Sebi erhascht einen Blick auf meinen Zettel und liest die Überschrift laut vor. Ein weiteres Mal lacht er aus vollem Hals und meint dann spöttisch:

»Was soll das denn heißen: Ich bin ich – Marie? Selten habe ich so einen Blödsinn gehört! Wer sollst du denn sonst sein? Was sind denn das für seltsame Methoden, mit denen dieser Coach arbeitet? Da hat dir Susanne ja ein spezielles Exemplar empfohlen.«

Seine Worte und sein Tonfall ärgern mich maßlos. Susi hat nicht ganz unrecht, wenn sie ihn als Macho bezeichnet. Genau die Dinge, die mir wichtig sind, tut er als lächerlich und unwichtig ab; nur weil er keinen Zugang findet.

»Das sagst du nur, weil du sie nicht verstehen kannst«, reagiere ich ungehalten. »Stefan Müller ist ein sehr guter Coach«.

»Die ganze Zeit heißt es Coach hier, Coach dort. Gibt es in letzter Zeit überhaupt noch ein anderes Gesprächsthema?«, beschwert sich Sebi. »Und dann diese aufwendigen Hausübungen. Ist das üblich, muss das sein?«, will er wissen. »In den letzten Wochen hattest du nicht gerade viel Zeit für den Haushalt übrig, und du verbringst beinahe mehr Stunden mit ihm als mit mir!«

Unglaublich, dieser Jammerton, Sebi klingt wie ein kleines Kind, das sich vernachlässigt fühlt. Wie oft fühle ich mich von ihm vernachlässigt, wenn er sonntags mit Max stundenlang auf dem Flohmarkt herumlungert oder zum Stammtisch geht.

»Ja, das mit den Hausaufgaben muss so sein. Es ist ausschlaggebend für den Erfolg. Ohne meine Mitarbeit läuft es nur halb so gut«, bestehe ich darauf und verkneife mir ein schadenfrohes Grinsen. Mein lieber Sebi ist eben nicht daran gewöhnt, seine Socken selbst zu sortieren oder nach der Arbeit mal einkaufen zu gehen, weil sonst der Kühlschrank leer bleibt.

»Wie schaut der denn überhaupt aus dieser Stefan?«, möchte Sebi nun wissen. Ist er etwas eifersüchtig, mein lieber Mann, frage ich mich erstaunt. Ich kann nicht widerstehen, ihn ein wenig zu provozieren.

»Fesch ist er schon der Stefan Müller. Groß und dunkelhaarig. Er sieht dir sogar ein bisschen ähnlich, obwohl er um einiges schlanker ist. Nur seine Haare sind etwas grauer als deine, was ihm jedoch ausgezeichnet steht.«

Sebi schnaubt: »Alle sind immer schlanker, attraktiver, sportlicher als ich. Wenn ich das schon höre, als wäre das so wichtig. Du kannst dich darauf einstellen, das nächste Mal fahre ich dich zu deinem Termin. Den werde ich mir mal anschauen, diesen Life-Coach und Frauenversteher.«

Ich lächle milde und komme nicht umhin, mich heimlich über Sebastians Eifersucht zu freuen. Ein bisschen Konkurrenz belebt jede Beziehung. Das behauptet zumindest Susi. Und die muss es ja wissen – als selbst ernannte Beziehungsexpertin.

»Was ist jetzt, kommst du nun mit oder nicht?«, fragt Sebi ein letztes Mal.

»Nein, ich möchte endlich die Aufgaben fertigmachen.«

Ich lasse mich nicht überreden und scheuche ihn endgültig aus der Küche. Kopfschüttelnd zieht er los. Mein lieber Mann versteht die Welt nicht mehr.

So, weiter mit der Tabelle.

Die Spalte Beruf gestaltet sich schon etwas schwieriger. Erfolg fällt weg. Wie sollte ich denn bei meiner Arbeit am Kiosk erfolgreich sein? Anerkennung und Wertschätzung wären mir schon wichtig. Das finde ich sogar in einem gewissen Maß, zumindest von meiner Cousine, die sehr froh über meine Unterstützung ist, aber auch von vielen zufriedenen Kunden.

»Wann gibts denn Mittagessen, Mama?«

Lukas schaut zur Küchentür herein. Was ist denn heute los? Wie soll ich hier in Ruhe nachdenken und produktiv sein? So viel zu Sebis glorreicher Idee, nicht kochen zu müssen. Der stellt sich das immer so einfach vor, als gäbe es nur ihn und seine Bedürfnisse.

Als ich seine Frage nach dem Essen geflissentlich ignoriere, kommt er näher und blickt interessiert auf die drei spärlich ausgefüllten Spalten.

»Na, wie läufts mit Coach Stef?«

Damit meint er wohl Stefan Müller, nehme ich an. Als Erklärung ist zu sagen: Sein eigener Coach Stef ist Influencer, Physiotherapeut und Personal Trainer. Dieser Mann ist ein Heiliger, ein absolutes Vorbild, einer, der in seinem Leben alles richtig macht, zumindest in den Augen meines Sohnes. Täusche ich mich oder schwingt in seiner Frage eine kleine Portion Sarkasmus mit? Ich bin gnädig und versuche, nicht voreingenommen zu sein. Also beschließe ich, sein Interesse als ehrlich zu werten und mich darüber zu freuen. Ich bin eindeutig zu misstrauisch, stelle ich entschieden fest.

»Danke, soweit alles gut. Eine wertvolle Persönlichkeitsarbeit und vor allem sehr interessante Aspekte, die mir jedes Mal aufgezeigt werden«, entgegne ich.

»Wie siehts aus, kann er bereits deine Gedanken lesen? Werden eigentlich nach und nach neue eingepflanzt?«

Ich habe mich also nicht getäuscht. Auf diese Diskussion lasse ich mich nicht ein. Daher schlucke ich eine patzige Erwiderung hinunter. Dem Lümmel werde ich es zeigen.

Du wirst dich noch wundern, lieber Lukas, was dieses Saatgut eines Tages hervorbringen wird. Es wird die Zeit kommen, und zwar bald, da möchtest du Stefan Müller am liebsten in die Wüste schicken.

Nachdem sein scheinheiliges Interesse an meinen Fortschritten abgeklungen ist, erinnert er sich wieder an die wirklich wichtigen Dinge des Lebens.

»Sag mal, hast du mein Metallica T-Shirt noch immer nicht gewaschen? Das gibts ja nicht! Ich möchte es unbedingt heute Abend anziehen«.

Was macht er bloß heute Abend, frage ich mich erstaunt. Morgen ist Schule.

»Mein lieber Lukas, dein Shirt liegt seit Tagen dreckig und zerknittert auf dem Boden deines Zimmers. Sobald es den Weg in die Waschküche gefunden hat, kommt es in die Waschmaschine«, gebe ich genaue Instruktionen. »Weißt du, mein Coach hat mir eingepflanzt, mehr auf meine Bedürfnisse zu achten und verstärkt Aufgaben an euch zu delegieren.«

Dabei zeige ich stolz auf die neue To-do-Liste für die ganze Familie, die ich an die Kühlschranktür gepinnt habe, und zwar so platziert, dass sie von niemandem übersehen werden kann.

»Das verstehe ich jetzt echt nicht. Es war doch immer so, dass du die Wäsche eingesammelt hast«, stottert er ungläubig.

»Da hast du recht!«, gebe ich zu. »Was nicht heißt, dass es auf immer und ewig so bleiben muss. Nichts im Leben ist in Stein gemeißelt. Veränderung ist die einzige Konstante im Leben. Außerdem möchte ich keine Helikopter-Mum sein, die euch zu sehr verwöhnt und ständig um euch herumscharwenzelt.«

Nun komme ich so richtig in Fahrt.

»Weißt du, Lukas, es ist sehr wichtig, seinen Kindern gegenüber Grenzen zu setzen und diese dann konsequent einzuhalten. Das wirst auch du irgendwann einsehen. Das hoffe ich zumindest. Spätestens dann, wenn du selbst Papa bist. Wie wir alle immer wieder mal erfahren müssen: Wer nicht konsequent ist, muss mit den Konsequenzen rechnen und leben. Das ist eine logische Rechnung, eine, die immer aufgeht. Darüber hinaus muss ich nicht ständig alles um mich herum kontrollieren, sondern kann durchaus hin und wieder gewisse Dinge abgeben. Nicht nur ich, auch andere machen die Dinge gut. Denn genau das ist es doch, was euch an mir stört; dass ich alles an mich reiße. Ich möchte euch keinesfalls um eure Selbstständigkeit bringen. Das könnte ich niemals verantworten. Wie sollt ihr denn sonst später ohne mich zurechtkommen?«

Mir ist bewusst, dass meine Haltung nicht gerade erwachsen ist, aber manchmal erfordern spezielle Situationen eben besondere Mittel. Mit offenem Mund und leicht belämmerten Gesichtsausdruck schaut Lukas mich an, als hätte ich nicht mehr alle Tassen im Schrank. Ich bin nicht sicher, ob er alles richtig verstanden hat. Immerhin ist er ein siebzehnjähriger Teenager. Auf alle Fälle ist sein Gesichtsausdruck himmlisch. Der Blick ist Goldwert.

»Wie oft musst du denn noch zu diesem Stefan?«, fragt mein Sohnemann mit ängstlichem Unterton.

Aha, sehr interessant. Coach Stef war einmal. Plötzlich heißt er wieder Stefan, also definitiv kein Vorbild mehr in seinen Augen, eher eine Bedrohung.

»Solange es nötig ist. Es macht mir richtig Spaß, mich mit ihm zu unterhalten und gute Tipps entgegenzunehmen – alltagstaugliche Tipps wohlgemerkt!«

Ich lache leise in mich hinein. So kleinlaut habe ich Lukas selten erlebt. Nach Sebi schüttelt nun auch er ungläubig den Kopf und schleicht still aus der Küche. Wahrscheinlich geht er sein T-Shirt suchen – im Kleiderhaufen, der sich am Boden seines Zimmers tummelt. Das kann dauern, die beiden bin ich garantiert eine Weile los.

So, endlich gehts weiter. Weitere Störungen dürften nun ausgeschlossen sein. Hier gehts heute zu wie auf dem Bahnhof zur Rushhour.

Jetzt zur wichtigsten und schwierigsten Spalte: Für mich Weisheit wäre hier erstrebenswert. Wer wünscht sich die nicht? Zuversicht und Selbstvertrauen klingen ebenfalls gut. Daran mangelt es mir eindeutig. Hier besteht auf alle Fälle Entwicklungsbedarf. Ich lasse mir genügend Zeit und lese achtsam ein Wort nach dem anderen durch.

Selbstliebe, Mut, Leidenschaft, Kreativität. Das würde ich mir wünschen, ohne Frage. Vielleicht kommt die Weisheit dann von allein. Ich bleibe bei diesen vier Wörtern hängen, schreibe sie in großer Schönschrift untereinander und lasse sie ein paar Minuten lang auf mich wirken. Ja, das passt! Ich bin mir absolut sicher. Genau diese Werte möchte ich gerne in meiner Spalte stehen haben und nicht bloß pro forma. Ich möchte sie leben, und genau daran werde ich nun arbeiten.

So, meine Tabelle ist fertig, Hausaufgaben erledigt. Jetzt geht es an die Umsetzung. Ich bin topmotiviert und stehe in den Startlöchern für mein neues Projekt. Schritt für Schritt werde ich es in Angriff nehmen. Mir ist bewusst, dass es nicht einfach werden wird – als eine Person, der Geduld nicht gerade auf die Stirn geschrieben steht. Nun gut, schließlich wächst man an seinen Herausforderungen.

Aus dem kleinen Küchenradio erklingt ein Lied: *»Du bist das Beste, was mir je passiert ist. Es ist so schön, dass es dich gibt ...«*. Ich schließe kurz meine Augen und denke über die Liedzeilen nach. Der Text gefällt mir, aber eigentlich müsste es doch heißen: Ich bin das Beste, was mir je passiert ist. Alles andere ist nur das Sahnehäubchen auf dem Kuchen, sozusagen das Topping. Wow, ich bin von mir selbst begeistert. Ich mache definitiv Fortschritte, richtig unheimlich.

Und das Wichtigste: Ich fühle mich so lebendig wie schon lange nicht mehr und ich habe wieder Pläne und ein Ziel vor Augen. Hurra! Jeder Mensch braucht das, ansonsten droht er zu verwelken, wie eine Blume ohne Wasser. Unglaublich, wie kreativ ich heute bin, richtig künstlerisch.

Meine überschäumende Freude sollte nicht lange andauern. Wissen und Tun ist eben zweierlei. In der Theorie war ich immer schon gut, in der Umsetzung leider weniger.

VON GENUSSINSELN UND GRENZÜBERSCHREITUNGEN

Stefan ist mit der Ausarbeitung meiner Wertetabelle zufrieden. Was heißt zufrieden, er ist schier begeistert. Das habe ich mir auch, ehrlich gesagt, heimlich erhofft. Immerhin hat mich diese Hausaufgabe den ganzen Sonntagvormittag gekostet. Sebi war schon leicht angesäuert, als ich ihn alleine habe losziehen lassen. Seinen Vorsatz, mich zum nächsten Termin zu fahren, hat er anscheinend vergessen. Gott sei Dank. Zumindest hat er ihn heute Morgen mit keinem Wort erwähnt.

»Vielleicht ist es dir bereits aufgefallen, dass sich Bedürfnisse im Laufe deines Lebens verändern können«, meint Stefan. »Als Teenager oder als junge Mama hattest du mit Sicherheit andere Bedürfnisse als heute. Werte hingegen sind selten verhandelbar, vorausgesetzt man bleibt sich selbst treu. Ich finde es übrigens großartig, dass du die Selbstliebe ganz oben an deine Liste gesetzt hast. Einfach grandios, denn damit sind wir schon beim Thema unserer Sitzung angelangt. Heute dreht sich nämlich alles um die Selbstliebe und den Selbstwert – ein äußerst wichtiges Thema, ja das Wichtigste überhaupt, getraue ich mich zu behaupten. Und hier sehe ich bei dir eindeutig Entwicklungspotenzial, liebe Marie. Falls du Bedenken hast, dass dich selbst zu lieben egoistisch wäre, so kann ich dich beruhigen. Es wäre viel egoistischer, diese Liebe von jemand anderem zu erwarten.«

Das höre ich nun bereits das zweite Mal, zuletzt bei der Ausarbeitung der Wertetabelle. Aber er hat wohl recht. Meinen eigenen Wert stelle ich mit Sicherheit nicht an die erste Stelle.

Stefan behauptet immer, es gäbe keine blöden Fragen. Also traue ich mich, ihm eine Frage zu stellen, in der Hoffnung auf eine zufriedenstellende und fachkundige Antwort.

»Was ist eigentlich der Unterschied zwischen Selbstbewusstsein und Selbstwertgefühl?«

Auch auf diese Frage weiß Stefan natürlich eine Antwort. Wie könnte es anders sein. Er meint:

»Mir ist bereits des Öfteren aufgefallen, dass der Begriff Selbstbewusstsein irrtümlich verwendet wird. Er wird häufig mit dem eigenen Wert verwechselt. Dabei bedeutet Selbstbewusstsein, sich seiner selbst bewusst zu sein, sich gut einschätzen und realistisch betrachten zu können, mit all seinen Stärken und Schwächen; zu wissen, wer man ist, was man gut kann und was nicht so gut. Einfach gesagt, kann ich mich fragen: Wie gut kenne ich mich eigentlich; bin ich in der Lage, meine Person völlig wertfrei zu »beurteilen«? Der Selbstwert hingegen stellt die Wertschätzung sich selbst gegenüber dar. Was bin ich mir wert? Wie hoch siedle ich mich selbst an, ist es mir möglich, liebevoll über meine Fehler und Schwächen hinwegzusehen? Es ist wichtig, Marie, seinen Selbstwert nicht über seine berufliche Position oder seinen Status zu definieren. Denn echte, gelebte Wertschätzung beginnt immer in einem selbst. Und dies betrifft alle Bereiche des Lebens, sowohl den Job als auch das Familienleben oder die Beziehung zum Partner. Ohne uns dessen bewusst zu sein, werten wir die eigene Person allzu häufig ab. Wir verkaufen uns unter Wert, nach dem Motto »*Ich darf mich selbst nicht so wichtig nehmen*«.

Das ist einer dieser lästigen Glaubenssätze, den viele Menschen in sich tragen. Hier ist es wichtig zu wissen, dass Glaubenssätze die Programmiersprache des Selbstwerts sind – sowohl die negativen als auch die positiven. Sie entstehen durch sich ständig wiederholende Verhaltensweisen und Aussagen; insbesondere dadurch, was du über dich selbst denkst. Denn die zahlreichen Gedanken, die sich den ganzen lieben Tag in deinem Oberstübchen tummeln, bestimmen zum Großteil dein Denken über dich selbst.«

Stefan schmunzelt und meint: »Schenke also nicht jedem deiner Gedanken Glauben. Denn nicht alles ist wahr, was du denkst, es bestimmt jedoch deine Wahrnehmung, wie du dich selbst siehst. Und genau das vermittelst du wiederum deinem Umfeld. Darüber haben wir bereits kurz bei unserer allerersten Sitzung gesprochen. Vielleicht erinnerst du dich daran, als es um die Erklärung des Begriffs »mentale Stärke« ging.«

Ja, ich kann mich gut daran erinnern, aber eine Wiederholung und ausführliche Erklärung schadet auf keinen Fall.

»Ein fehlender oder zu niedriger Selbstwert resultiert häufig aus früheren Erfahrungen«, behauptet Stefan. »Nicht selten geht er zurück in die Kindheit, den prägendsten Jahren bis zum sechsten Lebensjahr, in denen das Unterbewusstsein alles begierig aufsaugt wie ein Schwamm. Bereits als Kind lernt man häufig, sich zurückzunehmen, nicht anstrengend, sondern brav und angepasst zu sein, um keine Last für die Eltern darzustellen. Brav und fleißig zu sein hatte damals einen viel höheren Stellenwert als heute. Bloß hat man als Erwachsener nicht mehr viel vom Brav-Sein oder vom Nicht-Auffallen, im Gegenteil. Ohne Selbstwert segelt man fremdbestimmt durchs Leben, achtet zu wenig auf seine persönlichen Bedürfnisse, will es allen recht machen und hechelt nach Anerkennung, Wertschätzung und Liebe.«

»Was kann ich tun, um meinen Selbstwert zu stärken? Du hast sicherlich einige Tipps für mich parat?«, frage ich hoffnungsvoll.

»Ja, natürlich habe ich das, liebe Marie«, beruhigt mich Stefan und meine Miene hellt sich sofort auf. »Mein erster und zugleich ein ganz wichtiger Tipp ist: »Höre auf, dich zu vergleichen! Da bin ich ein großer Befürworter davon, denn der Vergleich mit anderen Menschen ist der größte Selbstwert-Crasher überhaupt. Er raubt dir bloß unnötig Energie. Du kannst dabei nämlich nicht gewinnen, denn es wird immer Menschen geben, die klüger, schöner, erfolgreicher oder reicher sind als du. Menschen, die sich nicht scheuen, selbstbewusst und mutig in der Öffentlichkeit zu stehen. Menschen, die von sich überzeugt sind. Und vor allem hör auf, dich zu verbiegen und anderen gefallen zu wollen. Die Welt da draußen will uns manchmal weismachen, dass wir nicht genug sind. Fall nicht drauf rein. Du musst niemandem etwas beweisen, außer dir selbst.

Was dieses ungesunde Vergleichen betrifft, so macht Social-Media das Ganze nicht unbedingt einfacher, insbesondere für Jugendliche. Denken wir jedoch vernünftig darüber nach, dann wissen wir sehr wohl, dass die geposteten Bilder auf Social-Media bloß eine Momentaufnahme sind oder dass die schönen Texte zum Großteil irgendwo abgeschrieben und in den allermeisten Fällen ohnehin nur gepostet und nicht gelebt werden.«

In letzter Zeit war ich tatsächlich sehr häufig in den sozialen Netzwerken unterwegs. Zunächst war meine Motivation folgende: Flo dabei zu kontrollieren, was er den ganzen lieben Tag über so treibt, wenn er nonstop am Smartphone hängt. Dadurch bin ich auf den Geschmack gekommen und mittlerweile scrolle ich von einem zum anderen. Es ist unglaublich, wie schnell dabei die Zeit verfliegt. Dabei gäbe es doch so viele wichtigere Dinge, die ich in dieser Zeit tun könnte, nicht nur nützliche, auch schöne, beispielsweise einen Spaziergang machen, ein gutes Buch lesen, eine Runde in der Hängematte oder im Relax-Sessel chillen – ohne Handy. Wahrscheinlich bin ich nicht die Einzige, die dieses Zeitproblem mit den sozialen Medien hat. Aber Stefan geht es bei seinen Erklärungen nicht so sehr um den täglichen Zeitaufwand, sondern viel mehr um das Vergleichen mit anderen Menschen und ihren Lebensweisen.

»Mach dir also bewusst, dass Instagram und alle anderen Plattformen nicht immer die Realität sind, sondern nur ein Miniausschnitt aus dem Alltag dieser Menschen, fährt Stefan fort. »Darum stress dich nicht. All die megahappy

Urlaubsfotos, die ständig gepostet werden, repräsentieren oftmals nur ein zur Schau gestelltes Familienleben und haben nichts mit der Wirklichkeit zu tun. Das kannst du mir getrost glauben, denn hier kann ich aus Erfahrung sprechen. Ich habe nicht nur einmal erlebt, dass Fotos einer scheinbar überglücklichen Partnerschaft im Netz kursierten und sich die Paare wegen Beziehungsprobleme bei mir in Therapie befanden oder sogar bei meiner Kollegin Dr. Schreyer saßen, um ihr Liebesleben wieder in Schwung zu bringen.«

Ja, das kann ich mir lebhaft vorstellen. Ihre guten Ratschläge in Sachen Liebhaber fallen mit Sicherheit bei einigen ihrer Klienten auf fruchtbaren Boden.

»In einer Welt, die ständig einen anderen aus dir machen will, ist du selbst zu sein, ohnehin ein großer Erfolg«, behauptet Stefan. »Verwende also soziale Medien nicht, um Wettbewerbe in deinem Kopf zu erstellen, die es nicht gibt. Denn es gibt genügend Platz für alle Menschen; und zwar aus dem Grund, weil jeder einzigartig ist und kein Mensch jemand anderen kopieren muss. Und wir wissen: Eine Kopie ist nie so gut wie das Original.«

»Mein zweiter Tipp«, fährt Stefan fort, »ist das Erkennen deiner Grenzen und vor allem das Einstehen dafür. Du musst nicht immer für alles und jeden zur Verfügung stehen und dich nicht für Zwecke anderer missbrauchen lassen. Das darfst du hin und wieder zum Ausdruck bringen – freundlich, aber bestimmt und vor allem ohne schlechtes Gewissen. Ein liebevolles »Nein« kann dir niemand übelnehmen. Ich weiß, dass dies zu Beginn schwerfällt, nicht zuletzt, weil weder du noch dein Umfeld daran gewöhnt sind. Wahrscheinlich auch aus dem Grund, weil du in der Vergangenheit jedem alles recht machen wolltest. Keine Sorge, mit diesem Verhalten bist du nicht allein. Viele Menschen haben nicht gelernt oder es irgendwann verlernt, rechtzeitig Grenzen zu setzen.«

Das mit dem nicht Nein-Sagen-Können ist mir nicht fremd – im Gegenteil, ich kenne es zu Genüge. Ein gutes Beispiel hierfür ist die Silvesterfeier, die alljährlich bei uns stattfindet. Jedes Jahr aufs Neue nehme ich mir vor, Nein zu sagen. Ist es dann wieder so weit, lasse ich mich erneut breitschlagen. Beim Gedanken an den Anblick des Chaos am Morgen danach entfährt mir ein lauter Seufzer und ich erzähle Stefan davon.

Er schmunzelt und meint: »Ja genau das ist ein gutes Beispiel. Wir sind täglich damit beschäftigt, die Erwartungen anderer zu erfüllen, sowohl im Job, in der Familie und wie man sieht, sogar im Freundeskreis. Und wir stellen uns mehrmals täglich die Frage, wie andere Menschen uns sehen und ob sie uns gut finden. Das führt nicht selten dazu, dass wir uns selbst dann, wenn unsere Grenzen überschritten werden, oftmals nicht wehren. Weil wir Angst haben, abgelehnt, ausgestoßen oder nicht mehr gemocht zu werden. Glaub mir, deine Freunde mögen und respektieren dich genauso, wenn du das nächste Mal freundlich vorschlägst, Silvester woanders zu feiern. Weißt du, häufig glauben wir, die anderen müssten es doch eigentlich bemerken, wenn sie uns zu nahetreten, aber woher denn? Wenn wir es nicht klar kommunizieren, dürfen wir uns nicht darüber wundern, dass unsere Grenzen nicht eingehalten werden. Wenn wir sie nicht setzen, dann ist es wie eine Einladung für unsere Mitmenschen, sie zu überschreiten. Denn schließlich besitzen nicht alle

Menschen das nötige Feingefühl oder genügend Rücksichtnahme. Stell dir hin und wieder die wichtige Frage: Wie möchte ich denn, dass mit mir umgegangen wird? Wie wertschätzend will ich behandelt werden?

Steh für dich selbst ein, für deine Werte. Das ist vielleicht nicht von heute auf morgen möglich. Es ist Trainingssache, aber mit der Zeit gewinnst du dein eigenes Ich-Gefühl und dein Selbstvertrauen wieder zurück. Schau dir als Unterstützung ruhig öfter deine ausgearbeitete Tabelle an, sie kann dir als gute Hilfestellung dienen.«

Mit dem Gesagten hat er nicht unrecht. Wenn ich mich nicht gegen Überschreitungen wehre, woher soll mein Gegenüber denn wissen, wo der Punkt ist, an dem es genug ist – für mich persönlich genug?

Stefan ist überzeugt: »Durch das Erkennen der eigenen Grenzen lernst du nach und nach, wieder mehr für dich einzustehen und deine Energien gut auszuloten, sodass du Herausforderungen besser meistern kannst, sowohl alltägliche als auch größere. Denn die werden kommen, davon bleibt keiner verschont in seinem Leben.

Bei Stefan klingt das alles so einleuchtend. Einfach ist es dennoch nicht, aber wie er es so treffend ausgedrückt hat: Es ist wohl reine Übungssache. Übung macht den Meister, heißt es so schön. Meine Lieben werden also als Versuchskaninchen herhalten müssen, denn Familie ist das beste Lernfeld. Genauso hatte es Stefan doch formuliert, wenn ich mich nicht täusche.

»Ein weiterer Punkt, den ich als sehr wichtig ansehe, ist folgender«, fährt Stefan fort, »entschuldige dich nicht dafür, eine eigene Meinung zu haben. Rechtfertige dich nicht für Dinge, die du sagst und wie du handelst, denn das verbraucht unglaublich viel Energie. Du musst andere nicht von deiner Meinung oder Ansicht überzeugen. Jeder hat das Recht auf seine eigenen Anschauungen. Es steht dir nicht zu, darüber zu urteilen; genauso wie es den anderen an deiner Person nicht zusteht. Du kennst die Beweggründe oder die Hintergründe eines anderen Menschen nicht. Daher kannst du nicht wissen, warum er so denkt, handelt oder spricht. Aus diesem Grunde wäre es sogar anmaßend. Sag ruhig öfter klar und deutlich deine Meinung. Das bedeutet ein »Ja« zu dir selbst und zu deinem Leben. So bleibst du auch deinen Werten treu. Erlaube dir, dich zu fühlen, wie du dich fühlst, zu sein, wie oder wer du bist und vor allem hin und wieder Schwäche zu zeigen. Dieses »Ja« zu dir bedeutet manchmal, nein zu Menschen zu sagen, die dir nicht guttun. Auch hier geht es um das Setzen gesunder Grenzen. Wir alle kennen diese üblen Zeitgenossen, die ständig jammern und nörgeln, die geradezu Spaß daran finden. Lass dich nicht runterzuziehen, verfang dich nicht in deren negative Energie. Das geht schneller, als du denkst, wieder herauszukommen, leider nicht so schnell.

Mein dritter Tipp an dich, liebe Marie ist folgender: Erkenne deine Stärken und deine besonderen Fähigkeiten. Vor allem, sieh sie nicht als selbstverständlich an, denn das sind sie nicht. Sie sind etwas ganz Besonderes und machen dich zu einem einzigartigen Menschen. Wir wissen meist sehr genau, was wir nicht können, wo uns entsprechende Qualifikationen fehlen. In der Selbstkritik sind wir wahre Meister. Dreh den Spieß einmal um und mach dir klar, was du bereits kannst, welch großes Wissen du dir im Laufe deines Lebens angeeignet hast. Damit meine ich nicht nur deine Ausbildungen oder Berufliches betreffend. Was hast du vom Leben gelernt? Ich bin überzeugt, da findet sich einiges. Immerhin bist du Ehefrau und Mama von vier Kindern, das ist keine Kleinigkeit. Auf diesen riesigen Wissens- und Erfahrungsschatz kannst du richtig stolz sein. Allein das würde wahrscheinlich ein dickes Buch füllen.«

Ja, da hat Stefan wohl recht. Es würde mit Sicherheit ein sehr aufschlussreiches und interessantes Buch werden – ein dicker Wälzer, vielleicht sogar ein Bestseller. Über meine Familie könnte ich nämlich so einiges erzählen. Ob sie damit einverstanden wären, ist eine andere Frage. Ich könnte unter einem Pseudonym schreiben.

»Alles, was ich dir nun erzählt habe, hat also mit deinem Selbstwert zu tun«, plaudert Stefan munter weiter. »Es hat aber auch mit jenen Werten zu tun, die du letzte Woche so fleißig ausgearbeitet hast. Denn der Selbstwert ist ein wichtiger Teil der Selbstliebe, die du erfreulicherweise bei deiner Liste an die erste Stelle gesetzt hast. Und Selbstliebe hat wiederum sehr viel mit Selbstfürsorge zu tun. Und jetzt stelle ich dir eine ganz wichtige Frage: Wie liebevoll und fürsorglich gehst du mit dir um? Achtest du gut auf dich und auf deine Bedürfnisse? Dazu braucht es manchmal nicht viel – kleine Auszeiten und Routinen, die mit der Zeit zu lieb gewonnenen Gewohnheiten werden. Erst dann hast du wieder die nötige Kraft, dich gut um deine Familie und um andere wichtige Dinge zu kümmern. Du wirst stressresistenter und kannst mit täglichen Herausforderungen besser umgehen. Vielleicht stört dich dann selbst die Tatsache, dass Lukas den Thermomix schmutzig hinterlässt, nicht mehr, zumindest nicht mehr in dem Ausmaß wie vorher.

Selbstfürsorge, heutzutage sagt man Self-care dazu, ist so wichtig wie nie – in dieser schnelllebigen und lauten Zeit, in der wir mit vielen Herausforderungen und Krisen konfrontiert sind. Wir leben in einer Zeit, in der extrem viele Eindrücke auf uns einstürmen, nicht zuletzt durch die sozialen Medien, die uns deutlich mehr überfordern, als wir es für möglich halten. Aber je stürmischer das Außen ist, desto ruhiger sollten wir innerlich sein, nach dem Motto »*mach langsam, wenn es stressig und laut wird*«.

Außerdem kennt Selbstfürsorge kein Alter. Insbesondere Kinder und Jugendliche werden in der heutigen Zeit von Eindrücken bombardiert und sind ständig irgendwelchen Reizen ausgesetzt. Obwohl sie es um nichts in der Welt zugeben würden, ist dies enorm belastend und anstrengend für ihren Geist. Kein Gehirn, und sei es noch so anpassungsfähig, hat so große Kapazitäten.

Gut für sich selbst zu sorgen, kann man auf vielfältige Weise tun. Die Möglichkeiten reichen von einer positiven Denkweise über körperliche Bewegung bis hin zu sozialen Kontakten. Genügend Schlaf, gesundes Essen, Natur, Sonnenlicht und insbesondere Ruhephasen gehören ebenfalls dazu. Was wir nicht vergessen dürfen, ist ein respektvolles Miteinander und Mitgefühl – sowohl mit uns selbst als auch mit anderen. Nicht immer so streng zu sein, sich hin und wieder in Gnade und Geduld zu üben. Das ist wichtig, denn kein Mensch ist perfekt. Apropos perfekt: Perfektionismus ist einer der schlimmsten Übeltäter. Nicht zuletzt, weil er ein großer Feind der Selbstliebe ist. Wir sollten uns dringend davon lösen, ständig alles perfekt zu machen oder kontrollieren zu wollen. Perfektionismus gepaart mit Kontrolle ist eine Kombination, die es ganz schön in sich hat. Sie raubt uns nämlich Leichtigkeit und Lebensfreude. Und ist es nicht so, dass gut genug meistens auch reicht? Wer will schon auf Dauer mit perfekten Menschen zusammen sein? Das hebt doch die eigene Unzulänglichkeit noch stärker hervor.

Die allermeisten Menschen freuen sich auf ihren wohlverdienten Jahresurlaub, um endlich einmal entspannen und Kraft tanken zu können. Leider bringt es meistens nicht viel, einmal im Jahr in den Urlaub zu fahren und danach gleich weiterzumachen wie zuvor. Darum, liebe Marie, schaffe dir auch im Alltag deine individuellen Genussinseln. Finde heraus, was dich im täglichen Leben entspannt, stärkt und nährt. Starte damit so bald als möglich, aber bitte nicht mit allem gleichzeitig.«

»Genussinseln? Was meinst du damit?«, werfe ich neugierig eine Frage dazwischen.

»Genussinseln sind dafür da, ein innerliches Wohlgefühl zu schaffen«, erklärt Stefan, »sie sind die kleinen Freuden des Lebens, Botox für die Seele. Such dir zu Beginn kleine Dinge aus, die du gut in deinen Alltag integrieren kannst und genieße diese paar Minuten, in denen du dich mit dir selbst beschäftigst. Du hast mir letztes Mal erzählt, du liebst Espresso und naschst dazu gerne eine Praline. Mach es zur täglichen Routine, vielleicht nach dem Mittagessen und genieße es in vollen Zügen – ohne schlechtes Gewissen, selbst dann, wenn es hin und wieder zwei Pralinen werden. Lass es zu etwas Besonderem werden, zelebriere es. Nimm dir bewusst Zeit und Muße dafür, nicht einfach zwischendurch im Stehen oder nur so nebenbei. Genau diese Dinge sind die kleinen Glücksmomente im Alltag – deine individuellen Genussinseln. Scheinbar so banal und trotzdem von großer Wirkung. Die Empfehlung der Morgenroutine aus unserer ersten Sitzung kann ebenfalls zu deiner persönlichen Genussinsel werden. Du siehst, es gibt hier keine Grenzen. Es ist im Grunde so einfach, und du kannst frei wählen, aus einer riesigen Palette von Möglichkeiten. Das ist doch wunderbar, oder etwa nicht?«

Aha, alles klar. Genussinseln bedeuten also kleine Freuden: eine Belohnung oder eine Art Leckerli für die Seele. Botox für die Seele – das gefällt mir. Garfield freut sich auch sehr über Leckerlis, schleckt sich danach genüsslich das Mäulchen und ist happy. Ja, im Grunde ist es so einfach, zu genießen. Viel zu oft macht der Mensch das Einfache kompliziert.

»Das ist ja alles schön und gut«, erwidere ich etwas lahm. »Nur fehlen mir meistens die Zeit und vor allem die nötige Ruhe dafür.«

Stefan seufzt: »Ja, genau das ist die Herausforderung. Zugegeben, es ist ein blöder Spruch, aber Zeit hat man nicht, die nimmt man sich. Du musst es dir selbst wert sein, liebe Marie. Genau darum geht es bei der Selbstfürsorge, über die wir eben so ausführlich gesprochen haben. Du darfst es dir erlauben, dich gut um dich selbst kümmern, gut für dich zu sorgen, genauso, wie du es für ein kleines Kind tun würdest, wie du es mit Sicherheit bei deinen eigenen Kindern getan hast und noch immer tust. Jetzt bist Du einmal dran. Selbstfürsorge hat absolut nichts mit Egoismus zu tun, im Gegenteil. Sich manchmal eine Auszeit für Körper, Geist und Seele zu gönnen ist schlichtweg notwendig, um gesund zu bleiben und sich in sich selbst wohlzufühlen. Vor allem: Nur wer genug Energie hat, kann für andere da sein. Darüber haben wir bereits gesprochen. Wie du siehst, tust du damit nicht nur dir selbst, sondern auch deinem Mann und deinen Kindern einen großen Gefallen. Glaub mir, sie werden dir dankbar sein. Darum gönn dir diese kurzen Auszeiten, deine Me-Time, um deine Batterien wieder aufzuladen. Das ist wichtig, Marie. Jeder Mensch braucht das ab und zu. Du spürst doch selbst, dass dein Akku leer ist. Wir sind keine Maschinen, und selbst die benötigen Batterien oder Strom, um zu funktionieren.«

»Und was das Zeitproblem betrifft, kann ich dir nur folgendes nahelegen«, meint Stefan, »wenn dir etwas wirklich wichtig ist, musst du es zur absoluten Priorität machen. Da geht kein Weg daran vorbei, denn die Ablenkungen im Laufe deines Tages, im Laufe deines Lebens sind groß, es kommt immer etwas dazwischen: Familie, der Job, deine Bequemlichkeit, eine Nachricht am Handy und so weiter. Du weißt, was ich meine. Wir alle haben genau vierundzwanzig Stunden am Tag zur Verfügung. Keiner schenkt dir zwei Stunden am Tag mehr Zeit, nur weil du das Gefühl hast, zu wenig zu haben. Das bedeutet, wir müssen unsere Zeit einfach besser nutzen, uns besser organisieren. Denn wie du deine Zeit nutzt, bleibt immer dir überlassen. Du musst dich um deine Pläne kümmern, wie um ein kleines Kind. Bleib am Ball und ehe du dich versiehst, hast du die für dich wichtigen Dinge, was auch immer das ist, zur Gewohnheit gemacht – zu einer guten Gewohnheit, die du nicht mehr missen möchtest. Nimm dir daher bewusst Zeit für eine Sache, plane sie ein, trag sie in einen Wochenkalender ein. Routinen sind unglaublich wichtig. Wenn du planlos durch den Tag segelst, vergeht er wie im Flug, und am Abend bist du frustriert, weil wieder einmal alles zu kurz gekommen ist. Dann läufst du Gefahr, dich selbst zu verurteilen, weil du ja wieder einmal nichts eingehalten hast.«

Nach seinem langen Monolog habe ich den Eindruck, dass Stefan langsam ungeduldig wird, und ich kann ihn sogar verstehen. Mit vollem Einsatz hat er versucht, mich wachzurütteln und mir viele gute Tipps gegeben. Aber es war extrem viel Input auf einmal, kein Wunder, dass ich mich überfordert fühle. Vieles ist neu für mich, Themen, mit denen ich mich noch nie zuvor auseinandergesetzt habe. Daher seufze jetzt auch ich.

»Du brauchst gar nichts zu sagen, Stefan, ich weiß trotzdem ganz genau, was du denkst«, behaupte ich.

Er schmunzelt. »Soso, was denke ich denn? Bist du etwa eine Hellseherin?«

»Ich weiß, dass ich selbst in die Gänge kommen muss. Niemand anderer kann das für mich erledigen.«

»Erraten, da muss ich dir recht geben, ich habe jedoch eine Idee, die hilfreich sein könnte. Nächstes Wochenende findet zum wiederholten Male ein Achtsamkeitswochenende von Freitag bis Sonntag statt; in einem wunderschönen Naturhotel in Südtirol. Mehrere meiner Klienten haben bereits daran teilgenommen und sie waren äußerst überrascht, möchte ich behaupten.«

Ein Achtsamkeitswochenende? Stefans Vorschlag kommt sehr unerwartet und die Zeit ist knapp. Heute ist bereits Dienstag, ich müsste sehr spontan sein. Dieses Wochenende habe ich sogar frei. Was wird Sebi dazu sagen? Würde er mitkommen? Eher nicht. Wäre er einverstanden? Ich glaube schon. Obwohl er sich etwas wundern würde, denn ich war noch nie alleine in Urlaub, nicht einmal für eine Nacht, zumindest nicht, seit die Kinder auf der Welt sind.

Stefan drückt mir das Hotelprospekt in die Hand und meint: »Überlege es dir, es wäre eine großartige Gelegenheit, endlich einmal zur Ruhe zu kommen und in die Welt der Achtsamkeit einzutauchen. Ich denke, es wäre ein guter Anfang. Am effektivsten wäre natürlich, du würdest ohne Begleitung fahren. Wenn du das nicht möchtest, nimmst du eben deinen Mann oder eine Freundin mit. Wichtig für den Kurserfolg ist jedoch, dass du am Programm teilnimmst. Das Hotel liegt an einem wundervollen Kraftplatz und ist der ideale Platz zum Entspannen und um wertvolle Zeit zu erleben. Im Garten ist ein Spielplatz. Schaukeln ist übrigens wunderbar, es erinnert an die eigene Kindheit und lässt das innere Kind wieder zum Vorschein kommen.

Ich würde sagen, dies ist deine Hausaufgabe bis zum nächsten Mal. Ich hoffe, du bist bereit und mutig genug, sie zu erledigen. Wenn nicht, dann hast du ohnehin genug zu tun, deine Genussinseln auszukundschaften. Ich freue mich, dich nächste Woche zu sehen und bin äußerst gespannt, was du mir berichten wirst. Alles Liebe bis dahin, mach‘s gut Marie.«

WIE VIEL ACHTSAMKEIT PASST IN DREI TAGE?

Mittwochmorgen. Die Zeit wird immer knapper. Ich überlege hin und her, doch mir fällt niemand ein. Nach meiner gestrigen Sitzung bei Stefan setzte ich mich ins Auto und blieb noch eine Weile sitzen, bevor ich nach Hause fuhr. Ich musste nachdenken. Der Vorschlag meines Coachs, an diesem Achtsamkeitswochenende in Südtirol teilzunehmen, versetzte mich in Aufregung – in freudige und nervöse, zugleich.

»Warum nicht? Was hast du zu verlieren, Marie?«, fragte ich mich schließlich, »sei mutig und bereit für eine Veränderung. Es ist ja nicht so, als würdest du nach Nepal oder Dubai fliegen oder dich auf eine Safari mit wilden, gefährlichen Tieren begeben.«

Nach ausführlichem Abwägen der Vor- und Nachteile entschied ich mich, mutig zu sein und das Experiment zu wagen. Ein bisschen Abwechslung und Farbe im Alltag konnten nicht schaden. Wenn ich etwas verändern wollte, musste ich endlich in die Gänge kommen.

Hierbei waren Stefan und ich uns einig. Die Begleitung betreffend, war Susi meine erste Wahl. Kaum zu Hause angekommen, rief ich meine Freundin an, um sie zu fragen, ob sie mich denn begleiten würde. Leider bekam ich eine Absage. Ausgerechnet an diesem Wochenende habe sie keine Zeit. Schade! Damit hatte ich nicht gerechnet. Susanne meinte, sie würde wahnsinnig gerne mit mir nach Südtirol fahren, vielleicht ein anderes Mal. Auch meine Freundin Petra, mit der ich hin und wieder auf einen Kaffee gehe, ließ mich abblitzen. Eine Geburtstagsfeier, der Fünfzigste eines Bekannten, finde zu diesem Zeitpunkt statt. Auch schade! Petra ist eine sehr liebe Freundin, die ich viel zu selten sehe und mit der ich liebend gerne ein paar Tage Auszeit verbracht hätte. Seit unserer Silvesterfeier haben wir uns nicht mehr getroffen, nur ein paar Mal miteinander telefoniert. Wir versprachen uns hoch und heilig, uns nach meinem Wochenende auf ein Glas Wein zu treffen.

Nun sitze ich also am Küchentisch und grüble. Wer steht noch zur Auswahl? Sebi ist eindeutig nicht die richtige Person, so viel ist klar. Er muss ohnehin in meiner Abwesenheit zu Hause nach dem Rechten sehen – Kinder, Kater und Haushalt hüten. Stefan hatte vorgeschlagen, ich könne allein dorthin fahren. Dann hätte ich endlich einmal Zeit nur für mich, ohne jegliche Ablenkungen. Das käme mir jedoch etwas seltsam vor. Ich glaube, ich könnte die Tage gar nicht richtig genießen. Irgendwer wird sich wohl hoffentlich bereit erklären, mit mir ein paar Tage zu verbringen und dieses Achtsamkeitsexperiment zu wagen. Es ist natürlich alles sehr kurzfristig.

Karo, meine Schwester!? Ach, ich weiß nicht. Ich bin mir nicht sicher, ob ich drei Tage mit ihr verbringen will. Soll ich mir das wirklich zumuten? Wir beide sind so unterschiedlich wie Tag und Nacht. Karo ist anstrengend und eine notorische Besserwisserin. *»Nicht zu vergessen, egozentrisch und stets auf ihr Vergnügen bedacht«*, flüstert eine leise Stimme in meinem Kopf. Ich kann die Ichbezogenheit meiner Schwester nur begrenzt ertragen. Noch dazu quatscht sie unglaublich viel. Es gibt Menschen, die ständig ihre eigene Stimme hören müssen. Karo gehört definitiv zu dieser Sorte Mensch. Während ich stets die brave, ruhige und fleißige Tochter war, die sich die meiste Zeit hinter ihren Büchern versteckte, war sie die rebellische und laute. Vor allem war sie immer dort, wo der Rauch aufging. Das war ein beliebter Spruch unseres Papas. Viel hat sich bis heute nicht daran geändert. Sie liebt es, in regelmäßigen Abständen mein Leben als kleinkariert und langweilig zu bezeichnen. Das nenne ich wahre Geschwisterliebe. Meine Schwester ist dreiundvierzig, kinderlos und überzeugter Single. Letzteres wird sie nicht müde zu betonen. Ich hingegen finde ihr Leben anstrengend und, ehrlich gesagt, ziemlich oberflächlich. Ihre häufig gedankenlose und sprunghafte Art ist so gar nicht die meine. Mit Anfang vierzig jedes Wochenende bis in die Morgenstunden unterwegs zu sein, ist auch nicht das Gelbe vom Ei. Wir sind doch in unserem Alter keine Teenager mehr, die nächtelang mit Freundinnen telefonieren oder um die Häuser ziehen müssen. Irgendwie hat Karo den Absprung ins Erwachsenwerden nie ganz geschafft. Zugegeben, manchmal beneide ich sie ein klein bisschen um ihre Unabhängigkeit und die offene Art, die es ihr ermöglicht, neue Kontakte zu knüpfen und sofort im Mittelpunkt einer Gesellschaft zu stehen. Selbstbewusst, lässig und unbeschwert, so scheint es zumindest. Anders als Karo hatte ich nie viele Freundinnen. Tauschen möchte ich trotzdem nicht.

Vielleicht würde es uns beiden guttun, Zeit miteinander zu verbringen. Immerhin ist sie meine Schwester. Darüber hinaus fällt mir beim besten Willen niemand anderer ein, den ich fragen könnte.

»Das hat man davon, wenn man so wenige Freunde hat!«, höre ich Karo spöttisch sagen.

Ich seufze und beschließe großmütig, ihr eine Chance zu geben. Wahrscheinlich hat sie ohnehin keine Lust oder bereits andere, spannendere Pläne für dieses Wochenende.

Gesagt, getan. Ich habe Glück und erreiche Karo, als sie gerade auf dem Weg zur Arbeit ist. Zunächst reagiert sie überrascht, sogar ein wenig misstrauisch. Doch wer hätte das gedacht? Nach kurzem Überlegen erklärt sie sich tatsächlich bereit, mich kommendes Wochenende zu begleiten.

»Warum eigentlich nicht?«, meint sie gnädig, »an diesem Wochenende habe ich eh noch nichts Besseres vor.«

»Oh, da bin ich echt froh, dass du deine kostbare Zeit mit mir verbringst«, erwidere ich ironisch, muss aber insgeheim lächeln. Typisch Karo eben, ich kann ihr nie ernsthaft böse sein.

***

Es ist so weit, unser gemeinsames Schwestern-Achtsamkeits-Wochenende ist da. Sebi ist mit zahlreichen

Anweisungen und guten Tipps betraut worden. Nach zig Wiederholungen meinerseits erweckt er schließlich den Anschein, ganz froh zu sein, als mein Auto unsere Einfahrt endlich verlässt. Auf nach Südtirol, ins Pustertal. Ich freue mich auf entspanntes *Dolce far niente* und gute Südtiroler Küche. Während der Fahrt plaudern Karo und ich unerwartet nett miteinander, ohne uns wie üblich zu streiten oder gegensätzlicher Meinung zu sein. Es sieht nach einem richtig guten Start in unsere gemeinsamen Tage aus. Optimistisch und voller Vorfreude lenke ich nach fast drei Stunden Fahrzeit meinen Mini in die Auffahrt des Hotels. Endlich da. Auf den letzten Kilometern der engen Bergstraße ist uns kein einziges Fahrzeug begegnet. Wir wähnten uns bereits in einer Sackgasse und überlegten ernsthaft, ob wir uns nicht verfahren hätten. Auf das Navi ist schließlich nicht immer Verlass. In diesem Falle leider doch. Ach, du Schreck! Wir befinden uns am Arsch – Pardon am Ende der Welt. Viel mehr kann ich dazu nicht sagen.

Hotel *Waldfrieden* steht auf dem von Stefan empfohlenen Hotel. Klingt beinahe wie die letzte Station des Lebens. Zugegeben, die Lage ist absolut prädestiniert für ein Achtsamkeitswochenende. Natur pur, ohne unnötige Ablenkungen. Hoffentlich nicht ohne Internet-Empfang. Sonst killt mich meine Schwester.

Neben dem Eingang prangt ein Schild »Adults only«. Ein Hotel nur für Erwachsene. Passt wahrscheinlich ohnehin besser und es ist mir, ehrlich gesagt, mehr als recht. Aufenthalte in Kinderhotels habe ich in meinem bisherigen Leben mehr als genug genossen. Der Lärmpegel in diesen Hotels ist enorm und mein Bedarf auf alle Zeiten gedeckt. Trotzdem ist es seltsam. Wenn ich mich nicht täusche, sprach Stefan von einem Spielplatz mit Schaukel.

Nachdem wir aus dem Auto ausgestiegen sind, streckt sich Karo ausgiebig und schaut sich misstrauisch um. Was die Internetverbindung betrifft, hegt sie wohl ähnliche Befürchtungen wie ich. Daher macht sie sich schleunigst auf den Weg in Richtung Anmeldung, um nach dem WLAN-Passwort zu fragen. Ihre mobilen Daten sind so gut wie aufgebraucht. Das hat sie mir während unserer Anreise mitgeteilt. Während meine Schwester mit Sack und Pack (sie hat wie immer unzählige Paar Schuhe dabei, wozu ist mir ein Rätsel) die Rezeption ansteuert, sehe ich mich neugierig im Garten um. Mein Blick fällt auf die alte Holzschaukel, die an einem großen knorrigen Baum angebracht ist. Also doch! Eine Schaukel für Erwachsene ist zwar etwas ungewöhnlich, aber für meine Zwecke bestens geeignet. So kann ich im *Waldfrieden* damit anfangen, mein inneres Kind wieder aufleben zu lassen, ihm Beachtung schenken, es hegen und pflegen, genau wie mir von Stefan aufgetragen wurde. Beim Anblick der Schaukel kommen Erinnerungen an meine Kindheit hoch. Eine ähnliche Schaukel hatten wir im Garten meines Elternhauses unter dem riesigen, alten Birnenbaum. Ich setze mich begeistert auf das Holzbrett, hoffe inständig, es hält mein Gewicht und beginne zu schaukeln – wie eine Wilde. Es dauert nicht lange und mir wird schwindelig und flau im Magen. Ich habe ewig nicht mehr geschaukelt und muss mich erst langsam wieder daran gewöhnen, ans Kindsein.

Während ich noch in nostalgischen Kindheitserinnerungen schwelge, winkt Karo mich aufgeregt herein. Beim Betreten des *Waldfriedens* schaue ich mich neugierig um. Es riecht tatsächlich wie im Wald, wunderbar nach Zirbe, und es kommt mir beinahe so vor, als würde sich mein Herzschlag augenblicklich beruhigen. Erst neulich habe ich gelesen, dass der Duft von Zirbenholz dafür sorgen soll. Die Lounge mit den gemütlichen Lesesesseln und einem großen Bücherregal, vollgepackt mit verschiedenster Lektüre, sieht äußerst einladend aus, und ich freue mich bei diesem Anblick auf ruhige Lesestunden. Endlich habe ich genug Zeit zum Schmökern. Meine Schwester ist ein Lesemuffel, sie konnte nie viel mit Büchern anfangen. Ich hoffe, sie hat wenigstens ein paar Zeitschriften eingepackt und verschont mich vor ihrem ständigen Geschnatter.

Aber wie sollte es auch anders sein: Das Geschnatter geht schon los. Mit blitzenden Augen zischt sie mir leise zu: »Hast du davon gewusst? Wenn ja, dann war das echt fies von dir. Ich dachte, wir machen uns ein gemütliches Mädels-Wochenende mit Aperol trinken, Shoppen, Wellness, Massage und allem, was eben zum Wohlfühlen dazugehört. Dafür sind wir schließlich hier, oder etwa nicht?«

Ich bin mir keiner Schuld bewusst und kann mir nicht vorstellen, wovon sie spricht. Von der Dame an der Rezeption werden wir genauestens darüber aufgeklärt, welchen Regeln unser gebuchtes Achtsamkeitswochenende unterliegt. Von Genussmitteln, sprich Alkohol oder Rauchen werde strengstens abgeraten, Handy, Tablet usw. seien ebenfalls tabu. WLAN gäbe es ohnehin nicht, dies sei eine bewusste Entscheidung der Geschäftsführung. Auch Internet-Empfang wäre leider nicht immer gewährleistet.

Also Digital Detox – digitales Fasten, soll angeblich total in sein. Oh, das habe ich echt nicht gewusst. Das hat mir der liebe Stefan verschwiegen, wahrscheinlich mit Absicht.

Karo schaut mich entgeistert an. Kein Aperol, keine Zigarette, drei Tage ohne Instagram und Facebook.

Fast tut sie mir leid, aber nur fast. Allerdings weiß ich echt nicht, wie sie das schaffen soll – als Raucherin, Genussmensch und Social-Media-Junkie. Ich verbeiße mir ein schadenfrohes Grinsen, hoffe jedoch, dass ihre Laune nicht allzu sehr unter diesen etwas speziellen Umständen leidet. Immerhin werde ich volle drei Tage mit ihr in dieser Einöde verbringen. Ein wenig anders habe ich mir dieses Wochenende, ehrlich gesagt, auch vorgestellt. Aber im Gegensatz zu ihr fällt es mir um einiges leichter, mich an Regeln zu halten. Würde ich jedes Mal so ein Drama machen wie meine Schwester, dann Gott bewahre. An ihrem Benehmen kann man gut erkennen, dass sie auf niemanden Rücksicht nehmen muss.

»Wie soll ich nun bitte meine Mails checken in dieser Pampa, fern ab jeglicher Zivilisation? Kannst du mir das sagen?«, klagt Karo in launischem Ton, als wäre ich für alles verantwortlich. »Es macht mich jetzt schon wahnsinnig, keinen Handyempfang zu haben und von der Außenwelt komplett abgeschottet zu sein,« jammert sie weiter, »und das alles nur, weil diese blöde Philosophie oder der ganzheitliche Ansatz oder wie auch immer sie es nennen, angeblich Teil des Entspannungsprozesses ist. Von wegen stressfreier – es stresst mich eindeutig mehr, *kein* Internet zu haben.«

Jetzt übertreibt sie wieder einmal maßlos. Erstens sind wir nur etwa zehn Autominuten von der nächsten Ortschaft entfernt. Und zweitens ist sie als Verkäuferin in einem Rosenheimer Modegeschäft nicht die wichtige Geschäftsfrau, die sie liebend gerne vorgibt zu sein.

Langsam habe ich die Nase voll von ihrer Nörgelei, und ich bin mir nicht mehr sicher, ob die Wahl meiner Reisebegleitung richtig war. Von meiner kleinen Schwester will ich mir mein Wochenende jedenfalls nicht vermiesen lassen. Darum sage ich leise, aber energisch zu ihr:

»Es reicht jetzt, Karo, reiß dich zusammen! Dein Benehmen ist echt peinlich, du benimmst dich wie ein pubertierender Teenager.«

Ich bemerke, wie unbehaglich sich die Rezeptionistin inzwischen fühlt, und ich werfe ihr einen entschuldigenden Blick zu.

»Eigentlich bin ich davon ausgegangen, ihr wisst Bescheid«, meldet sie sich kleinlaut zu Wort. »Aber selbstverständlich werdet ihr nicht streng kontrolliert. Schließlich sind wir kein Gefängnis. Es wird trotzdem dringlich angeraten, die empfohlenen Regeln so genau wie möglich einzuhalten. Es ist nur zu eurem Vorteil und gewährleistet den größtmöglichen Erfolg für dieses Wochenende. Ihr werdet es am eigenen Leib spüren und am Ende positiv überrascht sein, welch Mehrwert an Achtsamkeit ohne unnötige Ablenkungen möglich ist. Wie still es in einem wieder werden kann, fast unheimlich.«

Damit könnte sie recht haben. Unheimlich, aber vielleicht sogar interessant. Mit einem Mal bin ich neugierig wie ein kleines Kind, was in den nächsten drei Tagen im Waldfrieden alles auf uns zukommen wird. Also, ich bin definitiv bereit, dieses Experiment anzunehmen. »Offen für Neues« ist ein beliebtes Credo von Stefan, welches er nicht müde wird, zu wiederholen. Auch Karo scheint sich endlich zu fügen, indem sie resignierend mit den Schultern zuckt und seufzt: »Okay, was soll‘s. Machen wir das Beste draus. Hauptsache, die Betten und das Essen passen!«

Die Rezeptionistin scheint erleichtert und überreicht uns einen Zettel mit den Terminen für die nächsten drei Tage. Oh, bemerke ich, zweifelsfrei ein straffes Programm, welches uns die nächsten Tage begleiten wird, gefüllt mit Atemmeditationen, Achtsamkeitsübungen und Yoga.

Mit Sack und Pack schleppen wir uns in den zweiten Stock hoch. Anscheinend passt ein Lift auch nicht zur Philosophie des Hotels. Treppensteigen soll ja sehr gesund sein. Wir beziehen unser Doppelzimmer und packen das Wichtigste aus. Während sich Karo im Badezimmer ein wenig frisch macht, blicke ich mich im Zimmer um. Auf jedem Nachtisch liegen ein kleines Büchlein und ein Aromaspray, der nach Zirbe duftet. Fernsehapparat gibt es keinen. Ich blättere das Buch mit den achtsamen Impulsen für ein glückliches Leben kurz durch und versprühe ein paar Stöße aus dem Duftfläschchen auf mein Kopfkissen. Das kann nicht schaden, da mein Puls ohnehin meist schneller schlägt, als er sollte; was an meiner mangelnden Fitness liegen könnte.

Karo kommt frisch geschminkt und gestylt aus dem Badezimmer, und kurz darauf finden wir uns in der Lounge ein, um eine kleine Nachmittagsjause einzunehmen. Üppig sieht anders aus, richtig satt werden wir nicht. Es sieht ganz so aus, als würde ein zu voller Bauch der Achtsamkeit schaden. Nach dem gesunden Snack legen wir uns ein wenig aufs Ohr und bereiten uns mental auf unseren ersten Termin vor – eine Atemmeditation als Auftakt für das Achtsamkeitswochenende.

***

Raum der Stille, Freitag, 18:30 Uhr, vor dem Abendessen

Der Name ist Programm. Zugegeben, der Blick aus der großen Fensterfront ist ein Gedicht. Balsam für die Seele. Vor uns liegt Wald. Nichts als Wald mit unzähligen Bäumen, die von Mutter Natur mit einem saftigen Grün ausgestattet worden sind.

»Namaste – herzlich willkommen. Schön, dass ihr da seid«, begrüßt uns Jonny, der Achtsamkeitslehrer. Ich schätze ihn auf Mitte dreißig, ein cooler Typ mit langen Dreadlocks.

Na ja, so ganz freiwillig sind wir ja nicht hier, das weiß er natürlich nicht. Auf alle Fälle ist er voller Euphorie und freut sich offensichtlich, uns zu sehen.

Auch Karo freut sich augenscheinlich. Mit kokettem Augenaufschlag und einem leicht dämlichen Grinsen himmelt sie den durchtrainierten Jonny an. Er trägt ein weißes ärmelloses Shirt, sodass seine trainierten Muskeln deutlich zu erkennen sind. Ich kann es kaum glauben. Sie flirtet mit ihm. Typisch meine Schwester, sie macht vor niemandem Halt. Ich muss schmunzeln, da ihre Avancen nicht erwidert werden. Geschieht ihr ganz recht. Jonny zeigt nämlich keinerlei Reaktion, lässt sich stattdessen anmutig im Schneidersitz nieder und zwar mit einer Geschmeidigkeit, als wäre diese Sitzposition die gemütlichste der Welt. Für ihn ist sie das wahrscheinlich sogar.

Zumindest strahlt er eine bewundernswerte, natürliche Ruhe und Gelassenheit aus, die ich in meinem ganzen Leben nicht erreichen werde.

Jonny spricht ein paar Einführungsworte.

»Ich freue mich sehr, dass ihr heute an unserer ersten gemeinsamen Meditation teilnehmt. Da ich nicht weiß, wie weit ihr mit diesem Thema vertraut seid, beginne ich mit der Bedeutung des Meditierens. Um es spirituell auszudrücken, kann man Meditation als Heimkehr in unser Inneres, in unseren Wesenskern bezeichnen, in unser wahres Zuhause. Jeder Mensch hat einen eigenen kleinen Buddha in sich. Ich finde, das ist ein schönes Bild, nicht wahr? Einfach ausgedrückt, bedeutet Meditation, achtsam zu sein, im Hier und Jetzt zu leben, den Moment wahrzunehmen, so wie Kinder dies tun. Und das kann ich überall und jederzeit machen, auch, ja insbesondere im Alltag: beim Essen, beim Warten auf den Bus, beim Zähneputzen, beim Lauschen von Musik., beim Streicheln eines Tieres. Hier sind keine Grenzen gesetzt. Meditation ist ein Zustand entspannter Achtsamkeit, bei dem man zwar körperlich und geistig ruhig ist, im Geist dennoch präsent. Man sollte also nicht einschlafen, ein klein bisschen wegdriften ist okay. Ganz wichtig: Man muss dazu nicht mit verknoteten Beinen auf dem Meditationskissen Platz nehmen; das ist eine Mähr. Meditieren ist reine Übungssache und vor allem, sie lässt sich nicht erzwingen. Man darf sich in Geduld üben. Und genau das ist die größte Herausforderung für die meisten Menschen – insbesondere in dieser hektischen, schnellen und leistungsorientierten Welt. Wir werden geradezu überschwemmt mit unzähligen Eindrücken rund um uns herum, nicht zuletzt mit unzähligen aus den sozialen Netzwerken. Dem menschlichen Gehirn ist es gar nicht möglich, all das aufzunehmen und erst recht nicht zu verarbeiten.

In unserer heutigen Stunde werden wir besonderes Augenmerk auf unseren Atem und auf die Stille legen. Immerhin befinden wir uns in diesem wunderschönen Raum der Stille. Wo sonst könnten wir besser in sie eintauchen? Der Atem ist ein mächtiges Werkzeug, das wir nicht unterschätzen dürfen. Leider vergessen wir das immer wieder, insbesondere im Alltag. Das Schöne ist, er ist immer bei oder besser gesagt in uns, seit unserer Geburt, Tag und Nacht. Wir müssen uns seiner nur wieder gewahr werden und verstärkt bedienen.«

Nach seinen erklärenden Einführungsworten gibt Jonny uns folgende Anweisung:

»Sucht euch nun bitte eine bequeme Position, entweder im Sitzen, gerne auch im Liegen.«

Das braucht er Karo und mir nicht zwei Mal zu sagen. Wir lassen uns auf unseren weichen Matten in bequemer Rückenlage nieder. Die restlichen Teilnehmer, ein älterer Herr und zwei junge Frauen tun es uns gleich.

»Ich werde jeden Einzelnen von euch nun direkt und per Du ansprechen. Ich hoffe, das ist für alle in Ordnung«, verkündet Jonny, wartet kurz auf unser Nicken und fährt mit leiser Stimme fort:

»Schließe nun deine Augen und erlaube dir, einfach einmal alles gut sein zu lassen. Atme tief ein und aus. Ein und aus in deinem eigenen Atemrhythmus. Achte dabei bewusst auf die Stille zwischen den Atemzügen.«

Hoffentlich hört keiner das Knurren meines leeren Magens, überlege ich besorgt. Da der Nachmittagssnack, wie gesagt nicht gerade üppig war, kann ich das Abendessen kaum erwarten.

Ein wenig muss ich mich noch gedulden. Jonny kommt nun erst richtig in Fahrt.

»Achte bewusst auf die Stille zwischen meinen Worten. Stille ist nicht gleichzusetzen mit Geräuschlosigkeit. Man muss sie jedoch aushalten können. Denn wenn es ganz still in einem wird, dann kommt das hoch, was wirklich wichtig ist: Gedanken, Ängste, Zweifel, die wir nicht erwarten und die uns nicht immer willkommen sind. Und genau das ist es, was sich mitunter schwer aushalten lässt, weil es nicht selten ums Eingemachte geht. Sei also geduldig mit dir und nimm einfach alle Gedanken, die in diesem Moment zu dir kommen möchten, an. Überprüfe sie kurz und wenn sie dir nicht dienen, packt sie in eine Wolke und lass sie weiterziehen wie Wolken am Himmel. Zu gegebener Zeit kannst du dich wieder mit ihnen beschäftigen. In diesem Augenblick sind nur du und dein Atem wichtig. Es gibt im Moment nichts anderes zu tun. Diese wertvolle Zeit, die du dir jetzt gerade nimmst, ist ein Geschenk, das du dir selbst machst.«

Ich liebe Geschenke und lausche weiterhin andächtig seiner Stimme.

»Atme nun bewusst durch die Nase ein und durch den Mund wieder aus. Beim Einatmen denkst du dir im Stillen *EINFACH* und beim Ausatmen *SEIN*.«

Einfach sein. Das klingt wunderbar. Das war ich schon lange nicht mehr. An diesen Zustand muss ich mich erst wieder Schritt für Schritt gewöhnen. *Wie schnell dies wohl gelingen mag, frage ich mich. Reichen drei Tage dafür aus? Was und wie viel davon kann ich in meinen Alltag mitnehmen?* So viel zum Hier und Jetzt sein, ich denke schon wieder meilenweit voraus.

»Mit jedem Atemzug gleitest du immer mehr und mehr in eine wohlige Entspannung. Nach und nach breitet sich tiefe Ruhe in dir aus. Hab Geduld. Umsonst heißt es nicht: Zur Ruhe kommen und nicht die Ruhe erzwingen. Sie ist nämlich schon da. Du darfst dich nur wieder an sie erinnern. Ein- und ausatmen in deinem eigenen Atemrhythmus. Dein Atem führt dich immer tiefer und tiefer in einen tranceähnlichen Zustand. Lass es zu und hab keine Angst davor. Denn es ist ein ganz natürlicher Zustand. Es ist ein Zustand zwischen Wachen und Schlafen, so wie du ihn am Morgen kurz nach dem Aufwachen und am Abend kurz vorm Einschlafen verspürst. Er ermöglicht es deinem Unterbewusstsein, offen für die folgende Reise zu sein. Genieße sie und lass dich fallen. Es gibt nun nichts anderes mehr zu tun.«

Jonnys melodische und schmeichelnde Stimme entführt mich an einen weißen langen Sandstrand. Sie vermittelt mir süße Geborgenheit und gibt mir das Gefühl, in eine kuschelige Decke auf einer gemütlichen Couch eingehüllt zu sein. Ich kann den warmen, weichen Sand unter meinen nackten Füßen spüren. Er kitzelt meine Zehen. Tief atme ich die salzige Meeresluft in mich hinein. Ein seltsames Gefühl breitet sich in mir aus, beinahe, als wäre ich high, als würde ich ein paar Zentimeter über der Matte schweben – leicht und schwerelos wie ein Raumschiff. Kurz bevor ich im Begriff bin, abzuheben, unterbricht ein Geräusch erbarmungslos meine Träume, unvorbereitet und scharf wie ein Skalpell. Mein Nachbar, der ältere Herr, hat eben einen lauten Schnarchton losgelassen, der mich in die Wirklichkeit zurück katapultiert. Aus und vorbei mit Strandfeeling. Erschrocken darüber, kurz weggetreten zu sein, entschuldigt er sich mit peinlich berührtem Gesichtsausdruck. Karo und ich grinsen uns verstohlen an.

Eigentlich schade. Ich war gerade dabei, mich fallen zu lassen, genauer gesagt abzuheben. Eine für mich ungewohnte, aber durchaus schöne Erfahrung. Eine, nach der ich süchtig werden könnte und die gerne so bald wie möglich wiederholt werden darf.

Jonny, wir sehen uns wieder. Namaste.

***

Raum der Stille, Samstag 08:00 Uhr morgens

Jonny freut sich sichtlich, uns wiederzusehen. Er begrüßt uns herzlich wie alte Bekannte. Dieses Mal sind ein paar mehr Teilnehmer im Vergleich zu gestern Abend eingetrudelt. Neun achtsame Gäste lassen sich auf ihren Matten nieder. Am Vorabend war frühe Bettruhe angesagt. Das Abendessen war sehr gesund und genauso schmeckte es. Da aufgrund der streng empfohlenen Regeln ein gemütliches Zusammensein an der Bar ausfiel, gab es ohnehin nicht allzu viele Möglichkeiten, den Abend in die Länge zu ziehen. Ohne Fernsehgerät und Internet wird den meisten Gästen sowohl in der Lounge als auch am Zimmer rasch langweilig. Während sich Karo mein Handy auslieh, um sich auf Instagram upzudaten, nutzte ich die Gelegenheit, eine Weile in dem kleinen Büchlein zu lesen. Aufgrund der schlechten Internetverbindung gab meine Schwester nach kurzer Zeit wieder auf, und so quatschten wir noch ein paar Minuten, bevor wir uns endgültig ins Reich der Träume begaben. Als ich am Morgen aufwachte, war ich freudig überrascht, da ich die ganz Nacht durchgeschlafen hatte, was einem wahren Wunder glich. Das hatte ich seit Jahren nicht mehr geschafft. Aus diesem Grunde war ich ausgeschlafen und fit, offen für neue achtsame Abenteuer.

Jonny klärt uns über das heutige Programm auf:

»Wir werden nun eine gemeinsame Bodyscan-Meditation genießen. Dies ist eine angenehme Entspannungstechnik, eine Art von Körperreise. Dabei wandern wir mit unserer Aufmerksamkeit achtsam durch den eigenen Körper und spüren dabei ganz bewusst in jeden einzelnen unserer Körperteile hinein. Wir scannen unseren Körper von unten nach oben und nehmen dabei in uns aufkommende Empfindungen wahr, ohne sie zu beurteilen. Wir nehmen sie nur wahr. Anschließend möchte ich euch ein paar Gedanken mit auf den Weg geben. Gerne können wir uns heute Abend darüber austauschen.«

»Aber eins nach dem anderen«, beschließt er, »genießt nun unseren gemeinsamen Body-Scan. Ich wünsche euch viel Erfolg und Freude damit.«

Los gehts, ich bin gespannt.

»Schließe deine Augen, öffne dich für meine folgenden Worte und erlaube dir wieder, einfach alles gut sein zu lassen. Es gibt nichts zu tun, außer meiner Stimme zu folgen. Alles andere kann warten«, so Jonnys Anweisungen.

Er leitet uns an, alle Muskelpartien gleichzeitig anzuspannen und mit der Ausatmung wieder loszulassen, mit dem Ziel, die darauffolgende Entspannung noch besser wahrnehmen zu können.

Ich kneife beide Augen zusammen, spanne so gut es mir möglich ist, meinen leeren Bauch und den Hintern an, mache Fäuste und ziehe meine Schultern hoch. So, das muss reichen. Gar nicht so einfach, stelle ich verwundert fest, vor allem, weil ich gewisse Muskeln seit ewigen Zeiten nicht mehr beansprucht habe. Von manchen habe ich gar nicht gewusst, dass sie noch da sind. Für ein paar Sekunden halte ich die Luft an, dann atme ich tief aus und lasse, wie von Jonny befohlen, los. Es fühlt sich wunderbar an, und es war einfacher als gedacht. So, jetzt gehts aber erst richtig los. Jonny schickt meine Aufmerksamkeit von den Füßen über den Bauch bis hin zum Kopfhaupt. Besonderes Augenmerk legt er auf die Schulter- und Nackenpartie, denn in diesem Bereich zwicke es bei den allermeisten Menschen. Was sitzt uns im Nacken? Welche Bürde tragen wir auf unseren Schultern? Jonnys bildliche Vergleiche gefallen mir.

»Spüre nun in dein Gesicht hinein. Insbesondere Augen- und Kiefermuskulatur werden täglich stark beansprucht. Schenke ihnen bewusst Entspannung und genieße dieses Gefühl. Du kannst spüren, wie deine Gesichtszüge weich werden und sich ein anmutiges, zufriedenes Lächeln ausbreitet.«

Das Lächeln hat nun auch mich erreicht. Ich grinse selig vor mich hin und seufze wohlig.

»Und nun nimm deinen gesamten Körper wahr. Geh ein letztes Mal bewusst in die komplette Wahrnehmung hinein und sage dir im Geiste: Mein Körper ist nun vollkommen entspannt. Atme dabei normal weiter, ruhig und regelmäßig, in deinem eigenen Atemrhythmus. Erlaube dir, noch ein paar Minuten ganz bei dir zu bleiben. Nimm dir diese Zeit. Sie ist ein Geschenk, das du dir selbst machst«.

Mit diesen Worten beschließt Jonny unseren gemeinsamen Body Scan.

Sehr gerne lasse ich mich wieder beschenken und genieße den, mir bereits nicht mehr ganz so fremden Zustand der Entspannung. Mein Körper fühlt sich nach dieser effektiven Körperübung unglaublich gut an. Im Grunde ist sie wunderbar einfach und gut in den Alltag zu integrieren. Das ist wichtig, denn bei mir muss alles alltagstauglich sein. Es wäre doch gelacht, wenn diese zehn Minuten am Tag nicht drin wären. Mir fällt auf, dass ich meinen Atem seit langer Zeit wieder wahrnehme, bewusst wahrnehme. Ich habe mir nie große Gedanken darüber gemacht, ihn immer als selbstverständlich angesehen. Wir müssen eben atmen, um zu leben. Jonny sei Dank kann ich immer deutlicher erkennen, was alles möglich ist, wenn ich dieses Werkzeug richtig einzusetzen verstehe.

Langsam holt er uns aus der Körperreise zurück und bittet uns, noch eine Weile mit geschlossenen Augen liegen zu bleiben. Wahrscheinlich, um uns die versprochenen Gedanken mit auf den Weg zu geben. Ich bin schon sehr gespannt darauf, und für einige Minuten herrscht absolute Stille im Raum. Man könnte glatt eine Stecknadel fallen hören. Ich genieße diese seltene Ruhe sowohl um mich herum als auch tief in mir drin.

Ich habe das eigenartige Gefühl, vor mich hinzuträumen, als Jonny plötzlich beginnt, aus der Bibel zu zitieren; Matthäus 12 Vers 33.

»Setzt entweder einen guten Baum, so wird die Frucht gut oder setzt einen faulen Baum, so wird die Frucht faul. Denn an der Frucht erkennt man den Baum. Die Kraft eines Baumes erkennt man sowohl an seinen Wurzeln als auch an seinen Früchten. Aus starken Wurzeln entstehen süße bunte Früchte. Das ist ein logisches Gesetz. Überlege dir, ob du dies auf bestimmte Bereiche in deinem Leben ummünzen kannst. Sieh die Wurzeln als Immunkraft und als deine Verankerung im Leben an und die Früchte des Baumes als deine Erfolge. Wie flexibel und biegsam sind deine Äste? Streben sie der Sonne entgegen – zum Licht, Richtung Himmel? Je besser du für den Nährboden sorgst, umso besser gedeihen und wachsen deine Früchte. Wie tief bist du im Boden verwurzelt? Wie widerstandsfähig bist du, wenn das Leben Herausforderungen an dich stellt? Wie schnell bringen dich Krisen aus der Fassung? Spüre einmal ganz bewusst in dich hinein und sei dabei absolut ehrlich zu dir selbst: Wie gut sorgst du wirklich für diesen Nährboden? Bist du bereit, das Saatgut regelmäßig zu düngen, zu hegen und zu pflegen, Unkraut zu jäten? Bist du bereit, genug Zeit zu investieren?«

Puh, schon wieder jemand, der diesen seltsamen Vergleich mit dem Saatgut anstellt! Und so überaus enthusiastisch. Das Thema muss ihm sehr am Herzen liegen. Auch Stefan hat mich bereits damit konfrontiert. Kennen sich Jonny und mein Coach am Ende? Es würde mich nicht wundern. Schließlich hat mir Stefan dieses Hotel wärmstens empfohlen. Also besteht diese Möglichkeit sehr wohl. Ich werde es herausfinden.

Ehrlich gesagt hatte ich mit der Bibel nie viel am Hut. Meine Eltern haben mir anlässlich meiner Konfirmation eine geschenkt. Ich habe mich nie getraut, ihnen zu erzählen, dass sie vor vielen Jahren beim Umzug in unser Haus verloren gegangen ist. Seitdem hatte ich nie mehr eine in den Händen gehalten. Jonnys zitierten Worte daraus berühren mich jedoch auf eine ganz besondere Art und Weise, wie ich es nicht für möglich gehalten hätte. Sie erschaffen eine unglaublich kraftvolle Vorstellung in meinem Inneren.

Jonny beendet unsere Stunde mit den abschließenden Worten:

»Nehmt euch die Zeit, in aller Ruhe über dieses Bibelzitat nachzudenken. Vielleicht bei einem kleinen Spaziergang im Wald. Nirgendwo sonst ist man der Schöpfung so nahe wie in der Natur. Wenn ihr bei eurem Spaziergang bewusst auf die Umgebung achtet, werdet ihr viele Schätze entdecken. Die Natur ist eine unglaubliche Schatzkammer. Den Schlüssel dazu trägt jeder von euch im Herzen. Wer gerne dekoriert und sich kreativ ausleben möchte, dem rate ich, einen Beutel mitzunehmen und sich nach Herzenslust an der »Geschenkboutique Natur« zu bedienen, ob Tannenzapfen, Nüsse, ein Stück Holz, Äste oder was die Jahreszeit sonst noch hergibt.«

Zum Schluss macht er uns ein wenig neugierig.

»Heute Nachmittag steht ein ganz besonderer Punkt auf dem Programm: unsere gemeinsame Teezeremonie. Ich freue mich, euch um fünfzehn Uhr in der Lounge willkommen zu heißen. Nun wünsche ich euch ein feines Frühstück. Lasst es euch schmecken – mit all euren Sinnen. Namaste.«

***

Lounge, Samstag 15. 00 Uhr
It's Tea-Time

Pünktlich zur vereinbarten Zeit finden Karo und ich uns mit einer Gruppe Gleichgesinnter zur Teezeremonie an der Tee-Bar ein. Jonny hat uns ein Entschleunigungs- und Entspannungsritual der besonderen Art versprochen.

Zeremonie. In meinen Augen bedeutet diese Bezeichnung Folgendes: Lange und ausführlich.

Und genau da hakt es gewöhnlich bei mir. Meistens »pressiert´s ma«, wie wir in Bayern zu sagen pflegen. Was heißen soll: Ich habe es eilig. Mit der Genauigkeit nehme ich es auch nicht immer so ernst, weil es eben meistens schnell gehen muss. Die beiden Wörter spielen irgendwie zusammen, finde ich.

»Wie ihr vielleicht wisst, gibt es Teezeremonien auf der ganzen Welt. In manchen Ländern, beispielsweise in England oder Japan, werden sie viel stärker zelebriert als bei uns in Deutschland«, klärt uns Jonny auf.

»Zunächst ist es von großer Bedeutung, eine angenehme und ruhige Atmosphäre zu schaffen. Atmet bewusst ein paar Mal tief in euren Bauch hinein und kommt in die Stille. Versucht mit aller Intensität, eure Sinne zu aktivieren, insbesondere den Geruchs- und den Geschmacksinn.«

Unser Zeremonienmeister lässt uns ein paar Minuten still nach unseren Sinnen forschen. Anschließend fordert er uns auf, näher an die Tee-Bar heranzutreten. Wir begutachten die schönen, bauchigen Porzellantassen, von denen jede anders aussieht. Im Regal oberhalb der Tassen stehen zehn gleiche Glasbehälter mit verschiedenen losen Biokräutern. Jeder soll sich bewusst für eine Tasse und eine Tee-Sorte entscheiden. Nach kurzem Zögern schnappe ich mir ein Gefäß mit einem süßen rosa Blümchenmuster. Auf der Vorderseite steht in goldener Schrift *»Gute*

Laune Tasse«. Bei den Kräutern kann ich mich wieder einmal nicht entscheiden und brauche eine Weile, bis ich endlich die *»Guten-Laune-Kräuter«* gewählt habe – für mehr Gelassenheit. Ich finde, die Sorte passt perfekt zu meiner Tasse und zu diesem Wochenende.

»Jetzt werden wir das Wasser kochen«, fährt Jonny fort.

Wir befüllen zwei große Wasserkocher und schalten die Geräte ein. Ohne zu sprechen, warten wir geduldig, bis das Wasser zu kochen beginnt. Wir lauschen dabei andächtig dem immer lauter werdenden Geräusch, bis wir ein Klicken hören und das Wasser den Siedepunkt erreicht hat.

»Gießt das Wasser nun langsam in eure Tassen«, gibt uns Jonny weitere Anweisungen.

»Nehmt das wunderbare Aroma wahr, das sich bei diesem Vorgang ausbreitet. Ihr könnt es mit einer kleinen Handbewegung zusätzlich intensivieren und dadurch den aufsteigenden Duft eurer Lieblingskräuter noch besser wahrnehmen. Tief einatmen! Es kann sein, dass dabei sogar bestimmte Erinnerungen in euch wach werden, nicht selten aus der Kindheit. Das Riechzentrum ist eng mit dem Gedächtnis verknüpft. Gerüche können starke Gefühle in uns auslösen und selbst weit zurückliegende Erinnerungen zurückholen. Die Ursache dafür könnte die Lage des Riechorgans in unmittelbarer Nähe von bestimmten Gehirnarealen sein; jene Regionen, die für die Verarbeitung von Emotionen und Erinnerungen zuständig sind.«

Ich finde es extrem spannend, was Jonny uns alles über dieses Thema erzählen kann. Ich habe den Eindruck, er könnte Stunden darüber sprechen, und ich könnte ihm Stunden zuhören.

»Das Riechvermögen ist von Mensch zu Mensch sehr unterschiedlich ausgeprägt. Stellt euch vor, auf der Riechschleimhaut befinden sich mehr als vierhundert Rezeptoren. Unglaublich, nicht wahr? Leider ist der Geruchsinn der Menschheit im Laufe der Evolution schlechter geworden. Schade, denn angeblich spielt dieses Sinnesorgan sogar bei der Partnerwahl eine wichtige Rolle. Es soll eine biologische Verbindung zwischen dem Körpergeruch und der Wahl des Partners bestehen. Darum meine Lieben: Regelmäßiges Training ist angesagt«, fordert er uns grinsend auf.

»Liebe auf den ersten Riecher«. Das ist lustig, Jonnys Ausführungen werden immer spannender. Es ist tatsächlich so, dass man manche Menschen nicht riechen kann.

»Das war ein kleiner Ausflug in die Wissenschaft«, schmunzelt Jonny, »aber nun wieder zurück zur ursprünglichen Tee-Zeremonie. An Wohlgerüche erinnern wir uns natürlich besonders gerne. Jeder von uns weiß zum Beispiel, wie Weihnachten riecht – nach Vanillekipferl, Zimtsterne, Kerzenduft und Orangen.«

Jonny hat recht. Manche Gerüche lösen entfernte Erinnerungen in mir aus, und in den allermeisten Fällen sind es schöne. Die wunderbaren Düfte in der Adventszeit gehören definitiv dazu. Diese Zeit riecht ganz besonders. Augenblicklich beginne ich, in nostalgischen Erinnerungen zu schwelgen. Wenn meine Mama am ersten Advent mit dem Keksebacken begann, dann war Weihnachten nicht mehr weit. Ich lächle, als ich daran denken muss, wie Karo und ich uns immer um die letzten Teigreste aus der Schüssel gestritten haben. Der Geruch nach Lebkuchen, Vanille und Zimt ist ganz klar mit meinen schönsten Kindheitserinnerungen verbunden und bis heute mit ein Grund, mich jedes Jahr aufs Neue auf den *Advent*, die schönste Zeit des Jahres zu freuen. Das Wort Advent kommt vom lateinischen Verb *advenire* und bedeutet ankommen. Das weiß ich aus dem Lateinunterricht. Lange ist's her, aber das ist aus unerklärlichen Gründen hängengeblieben. Ruhe finden und ankommen bei sich selbst, ist das nicht unser aller Wunsch? Diese stille Zeit weckt in mir stets angenehme Erinnerungen wie Wärme, Geborgenheit und gemütliches Beisammensein mit der Familie, auch wenn zwischendurch immer wieder Hektik aufkommt, nicht zuletzt aufgrund des Geschenkekaufs und der Wahl des Weihnachtsmenüs.

Äußerst ungern hole ich mich wieder aus meinen Erinnerungen zurück und konzentriere mich auf den Duft, der aus meiner Tasse aufsteigt. Ich rieche Zimt, Apfel und einen Hauch von Kardamom, als ich die Nase vorsichtig in meine Teetasse stecke, also fast ein bisschen weihnachtlich. Als die vorgegebene Ziehzeit vorüber ist, schenken wir den Tee bedächtig in unsere jeweiligen Tassen. Während wir ein paar Minuten darauf warten, bis die richtige Trinktemperatur erreicht ist, plaudern wir ein wenig. Die zwei jungen Frauen, die wir bereits am Vorabend bei der Atemmeditation angetroffen haben, erzählen, dass sie in der Schweiz am Bodensee beheimatet sind und das Achtsamkeitswochenende dringend nötig haben. Beide Frauen sind Single und arbeiten seit Jahren in derselben Werbeagentur – von morgens bis abends. Da ihnen Nichtstun eher fremd ist, ist dieses Wochenende eine große Herausforderung und eine gänzlich neue Erfahrung. Jedoch eine durchaus interessante, wie beide gleichzeitig betonen.

So, nun ist es so weit, unsere Zunge ist gefragt. Schmecken ist angesagt. Wir bereiten unsere Geschmacksknospen auf das achtsame Erleben vor und nehmen vorsichtig den ersten Schluck. Der Geschmack nach Apfel ist das Erste, was ich schmecke, begleitet von einem feinen Hauch Zitrone.

Es ist schon sehr ungewohnt, dieses genaue Prozedere. Daheim muss alles schnell gehen. In der Früh schalte ich leicht ferngesteuert den Wasserkocher ein. In der Zwischenzeit gehe ich ins Bad oder decke den Frühstückstisch. Danach gieße ich den Tee auf, alles Routine und ohne groß nachzudenken. Ich beschließe, ab sofort auch im Alltag immer wieder bewusst auf die einzelnen Schritte zu achten, insbesondere am Wochenende.

Langsam findet unsere Teezeremonie ein Ende. Wir leeren unsere Tassen und verabschieden uns voneinander. Interessant war es auf alle Fälle, besonders für eine begeisterte Tee-Tante, wie mich.

Wieder auf unserem Zimmer angekommen, überlegen Karo und ich, die Yogastunde am Abend zu schwänzen. Weder meine Schwester noch ich haben große Lust darauf. Wir sind uns einig, genügend Eindrücke für ein Wochenende gesammelt zu haben. Es wäre jammerschade, von zu vielen Programmpunkten überfordert zu sein. Und es wäre mit Sicherheit nicht Sinn und Zweck eines Achtsamkeitswochenendes. Qualität vor Quantität heißt es doch so schön.

Wir beschließen uns stattdessen an der Bar heimlich einen Aperol zu besorgen. Der nette, junge Barkeeper sieht aus, als wäre er ein guter Verbündeter und würde die Regeln des Hauses nicht gar so ernst nehmen. Wir vermuteten richtig. Mit einem Augenzwinkern drückt er uns nach unserer vorsichtigen Frage zwei Gläser Aperol in die Hand und wünscht uns viel Spaß und Genuss. Karo kann nicht anders als zurückzuzwinkern. Er ist aber auch ein fescher Südtiroler. Ein Mann ganz nach unserem Geschmack – ein Frauenversteher und Verbündeter.

Wir schleichen uns zum Hinterausgang raus und machen uns auf in Richtung Waldrand. Dort ziehen wir unsere Schuhe aus und strecken unsere nackten Füße aus. Mein Schwesterlein und ich prosten uns zu und nehmen den ersten Schluck. In diesem Moment bin ich felsenfest davon überzeugt, schon ewig nicht mehr etwas so Wunderbares getrunken zu haben. Ein wahrer Genuss! Und geht es nicht genau darum im Leben? Wir kichern wie zwei junge Schulmädchen, die etwas Verbotenes angestellt haben oder sich über Jungs austauschen. Obwohl meine Schwester überaus anstrengend ist und liebend gerne die Diva spielt, ist sie doch überaus lustig und unterhaltsam. Ich hatte beinahe vergessen, wie viel Spaß man mit ihr haben kann. Ja, es lässt sich nicht leugnen. Meine Verbindung zu Karo ist wieder da, noch ist das Pflänzchen zart, aber ich spüre deutlich, dass sich etwas verändert hat, und zwar zum Guten.

In bester Laune und mit einem Mini-Schwips schleichen wir uns nach einer Stunde auf unser Zimmer und schlafen bis zum nächsten Morgen durch. Himmlisch, diese Schlafqualität. Ich bin begeistert, was Atmen, Stille, frische Waldluft und ein Gläschen am Abend ermöglichen.

Sonntag, Abreisetag, nach dem Frühstück

Just in dem Moment, als wir nach einem ausgiebigen Frühstück unsere Rechnung an der Rezeption begleichen, biegt Jonny um die Ecke.

»Hey Mädels, schön, dass wir uns noch einmal sehen, bevor ihr abreist.«

Erfreut schüttelt er uns die Hand und fügt bedauernd hinzu: »Schade, dass ihr gestern Abend beim Yoga nicht dabei wart. Wir haben euch vermisst.«

»Ja, echt total schade!«, gebe ich zu, »aber, wir waren dermaßen erledigt und überwältigt von deinen vielen wunderbaren Impulsen, sodass wir todmüde ins Bett fielen.«

Ach, diese kleinen harmlosen Geheimnisse zaubern immer wieder ein unschuldiges Lächeln auf die Lippen einer Frau.

»Ja dann, vielleicht bis irgendwann. Es hat mich sehr gefreut, euch kennenzulernen. Grüß mir den Stefan schön, Marie.« Bei diesen Worten zwinkert Jonny mir wissend zu und verschwindet mit einem freundlichen Winken in Richtung Raum der Stille – in sein zweites Zuhause. Karo schaut mich verblüfft an, nicht daran gewöhnt, dass ein Mann ihrer Schwester zuzwinkert und ihr nicht.

Ha, ich habe es gewusst! Stefan Müller und Jonny kennen sich.

Die Rezeptionistin überreicht uns zum Abschied zwei hübsche Gläschen mit Kräutersalz.

Wir bedanken uns herzlich und machen uns beschwingt und bestens gelaunt auf die Heimreise.

Auf Wiedersehen, Waldfrieden. Es war mir eine Ehre und ein besonderes Erlebnis. Ich habe es mit allen Sinnen genossen. Danke Stefan Müller, das war eine glorreiche Idee mit diesem Wochenende.

Doch nun freue ich mich darauf, meine Lieben wiederzusehen, vor allem, Sebi von meinen Erfahrungen zu erzählen. Ich werfe einen letzten Blick zurück, sehe die Schaukel im Garten und lächle selig vor mich hin. Ach, ich wünschte, es gäbe eine Möglichkeit, dieses wunderbare Gefühl der Ruhe und des Friedens in mir zu konservieren, um es mit nach Hause in meinen Alltag zu nehmen – wie das selbst gemachte und liebevoll verpackte Kräutersalz.

VON YAMAN UND LAGOM

Die ersten Tage nach dem Achtsamkeitswochenende schwebte ich wie auf Wolken. Ich hatte das Gefühl, meinem inneren Wesenskern, meinem eigenen kleinen Buddha, wie Jonny es so bildlich ausgedrückt hatte, immer näher zu kommen, ja beinahe eins mit ihm zu sein. Leider verblasste dieses berauschende Gefühl recht schnell. Der Alltag hatte mich wieder fest im Griff: der Kiosk, der Haushalt, die Kinder, der Thermomix samt eingetrockneter Reste. Ich fühlte mich erneut in der Hektik des Tages gefangen, außerstande, gut für mich zu sorgen. Mir war bewusst, dass ich weit davon entfernt war, fürsorglich und liebevoll mit mir umzugehen. Keine Spur von der so wichtigen Selbstfürsorge, über die Stefan ausführlich gesprochen hat. Meine Genussinseln schwammen vor meinen Augen auf und davon, und ich schaffte es nicht, sie aufzuhalten. Sie versanken im Meer des Alltags. Dabei war ich nach dem Wochenende und den letzten Sitzungen so optimistisch und euphorisch gewesen. Ich war überzeugt, auf dem richtigen Weg zu sein, der Leichtigkeit und dem Glück auf der Spur. Zu allem Übel sagte Stefan unseren Termin für diese Woche ab, da er krank geworden war. Mehr als zwei Wochen sind seit unserem letzten Gespräch vergangen. Für mich hatte es sich viel länger angefühlt. Mein Coach war in den letzten Wochen zu einer wichtigen Stütze in meinem Leben geworden, ohne die ich mich plötzlich verloren und einsam fühlte. Ich lechzte weiteren Tipps und guten Ratschlägen entgegen, erwartete von ihm, dass er mein Leben endlich auf die Reihe brachte. Übermorgen findet mein nächster Termin statt, und ich fiebere ihm entgegen wie ein kleines Kind an Heiligabend, das endlich das Klingeln des Glöckchens vernimmt. Entwickle ich etwa eine Abhängigkeit? Hatte Lukas recht, als er mich neulich fragte, ob mir mein Coach Gedanken einpflanzen würde? Ach was, so einer ist Stefan mit Sicherheit nicht. Er ist doch kein Guru.

Habe ich mich umsonst bemüht in den letzten Wochen? Mein Kopf ist wieder mal unwahrscheinlich voll, und die Gedanken tanzen in meinem Oberstübchen umher wie Gespenster zur mitternächtlichen Geisterstunde. Meine widersprüchlichen Gefühle machen mir ebenfalls ziemlich zu schaffen. Zurzeit schwingen meine Stimmungen schneller hin und her wie das Pendel der alten Standuhr meiner Eltern. *Wut...Ohnmacht...Zärtlichkeit...überschäumende Freude...Hoffnung – wie kann das alles in nur eine Seele passen, frage ich mich manchmal erstaunt. Oh Gott, wie wird das erst in den Wechseljahren? Ich freue mich nicht auf meine zweite Pubertät.*

War etwa alles für die Katz – meine ganzen Bemühungen, die aufwendigen, zeitintensiven Hausaufgaben der letzten Wochen? Mein verzweifelter Blick fällt auf Garfield, der sich teilnahmslos auf seinem Lieblingssessel rekelt, in beneidenswerter Verrenkung, als wäre er aus Gummi. Endlich mit Yoga zu beginnen, würde mir mit Sicherheit guttun, um meine körperliche Beweglichkeit ein klitzekleines Bisschen zu steigern. Garfield schenkt mir keine Beachtung. Es besteht also keinerlei Hilfe von dieser Seite. Seufzend stehe ich auf. Es ist ohnehin allerhöchste Zeit, mich für die Arbeit fertigzumachen.

***

Endlich Montag. Mein heiß herbei gesehnter Termin bei Stefan steht kurz bevor. Noch eine Stunde Arbeit im Kiosk, und danach kann ich ihm endlich mein Herz ausschütten. Obwohl ich die Sitzung kaum erwarten konnte, bin ich trotzdem schlechter Laune, als ich zu meinem Termin auftauche. Ich bin furchtbar müde und gereizt. Gefühlt mitten in der Nacht haben mich polternde Schritte und das Geräusch der Kühlschranktür geweckt. Auf – zu – auf – Pieps. Nach dem zehnten Piepsen endlich wieder zu. Mein Gedanke war: *Hört das denn niemand außer mir oder stört es bloß keinen?* Ich bin mir absolut sicher, es war Lukas, der nachts in der Küche herumschlich. Es wäre nicht das erste Mal. Das Kind hat Hunger wie ein Wolf, zu jeder Tages- und Nachtzeit. Trotzdem hat er kein Gramm Fett auf seinen Rippen. Wie ungerecht ist das denn bitte? Den Stoffwechsel eines Teenagers möchte ich haben. Nach Herzenslust schlemmen, spätabends auf der Couch Chips und Kekse in mich hineinstopfen. Pizza, Pasta und Brötchen essen, ohne die bösen Kohlenhydrate zu verteufeln, die mir lästige Pölsterchen auf die Hüften zaubern.

Ich erkenne jedes meiner Kinder an ihren Schritten. Flo stolziert leise und kaum hörbar auf Zehen- spitzen herum. Dabei tänzelt er wie ein Fußballer und schleicht sich manchmal unbemerkt heran, um mich zu erschrecken. Lukas hört man von Weitem, er trampelt wie ein Elefant, und die Zwillinge gehen im Laufschritt, als wären sie auf der Flucht – immer in Eile, aus Angst, etwas zu verpassen.

»Ach Stefan, ich bin furchtbar kompliziert, das war ich immer schon«, jammere ich, als ich später vor ihm sitze.

»Von wegen, du bist nicht kompliziert. Rede dir das bloß nicht ein«, beschwichtigt er mich und meint darauf lapidar: »Ganz ehrlich, auf irgendeine Art und Weise ist wohl jeder Mensch kompliziert oder etwa nicht? Nenn es lieber einzigartig. Jeder trägt nun mal sein eigenes Päckchen und unzählige Eigenarten mit sich herum, gut und nicht so gute. Du denkst einfach viel nach, manchmal eben zu viel und vor allem über unnötige Sachen. Das ist nicht unbedingt kompliziert, sondern eher interessant. Du bist eben ein sehr feinfühliger Mensch. Was ist daran nicht in Ordnung? Du musst nur damit umzugehen lernen.«

So habe ich das noch nie gesehen. Feinfühlig, einzigartig – das klingt nicht schlecht. Trotzdem ist es anstrengend, nicht nur für mich, auch für andere.

»Irgendwie habe ich das ohnmächtige Gefühl, es bricht zurzeit alles auseinander«, klage ich Stefan mein Leid.

»Was bist du bloß für ein ungeduldiger und stets an dir zweifelnder Mensch, Marie«, tadelt er mich wie ein Lehrer. »Lerne von der Natur. Kein Strauch, kein Baum und erst recht kein Tier würde jemals an seinem Wachstum zweifeln. Es ist immer der Mensch, der am Grashalm zieht und zerrt, weil alles nicht schnell genug geht.«

Ich erzähle ihm vom Achtsamkeitswochenende, wie sehr es mich begeistert hat und wie viel schöne Erfahrungen und Erinnerungen ich mit nach Hause nehmen durfte. Aber auch, welch große Erwartungen ich daran geknüpft hatte.

Er meint: »Siehst du, du bist mit einem viel zu hohen Anspruch an die ganze Sache herangegangen. So einfach ist es dann leider doch nicht. Ein wenig Durchhaltevermögen musst du schon beweisen. Wie sagte einst Mark Twain:

Alte Gewohnheiten kann man nicht so einfach aus dem Fenster werfen, man muss sie Schritt für Schritt die Treppe hinuntergleiten lassen.

Du darfst stolz auf dich sein, denn du machst diese Schritte. Vertraue dir einfach, du bist auf einem guten Weg. Ich glaube, du hast dich danach vom Alltag wieder allzu schnell vereinnahmen lassen. Du wirst wohl nicht allen Ernstes gedacht haben, dass ein Achtsamkeitswochenende die Lösung all deiner Probleme ist. Es war ein Kennenlernen, ein Schnuppern in die Welt der Achtsamkeit, was du laut deinen Erzählungen ja sehr zu genießen schienst. Es ist ein Anfang, Marie. Jetzt heißt es dranbleiben, indem du regelmäßige Impulse in dein tägliches Leben einbaust. Jonny hatte mit Sicherheit einiges zu bieten.«

»Ja, das hatte er«, bestätige ich. »Liebe Grüße soll ich dir übrigens bestellen.«

»Ja, mein alter Freund hat schon seine Qualitäten«, grinst Stefan. »Jonny ist ein feiner Mensch und ein ganz wunderbarer Achtsamkeitstrainer. Versuche also unbedingt ein paar Tipps aus dem Achtsamkeitswochenende mit in den Alltag zu nehmen. Mach hin und wieder bewusst auch zu Hause einen Achtsamkeitstag. Du kannst Achtsamkeit bei banalen Dingen anwenden. Und wenn es nur darum geht, deinem Mann oder einem deiner Kinder deine uneingeschränkte Aufmerksamkeit zu schenken. Das bedeutet Wertschätzung und Respekt füreinander. Mit Sicherheit werden sich deine Lieben darüber freuen. Bei einer Mahlzeit kannst du achtgeben, dich einzig und allein auf das Essen zu konzentrieren, ohne Zeitung, ohne Handy, ohne zig andere Dinge nebenbei zu erledigen oder an sie zu denken. Achte in den nächsten Tagen bewusst darauf.«

»Und ganz wichtig: Du musst die Sache viel entspannter angehen, Marie«, ermahnt er mich. »Sei nicht so verbissen. Nimm dir ein Beispiel an den Jamaikanern. *Yaman* ist ihre Devise. Dies bedeutet, alles ist gut so wie es ist. Das sind keine leeren Phrasen, sondern eine Lebenseinstellung. Locker, leicht, gelassen, fröhlich, lebenslustig – das ist die Philosophie der Einheimischen, eine gänzlich andere Lebensweise als die unsere. Sie repräsentiert Land und Leute auf Jamaika. Es bedeutet ein entspanntes Lebensgefühl, das die Menschen dort in ihren Alltag integrieren. Hektik scheint ihnen ein Fremdwort zu sein. Die Jamaikaner haben es drauf, im Hier und Jetzt zu leben und dies in vollen Zügen zu genießen, nach dem Motto: *Das Leid von gestern und die Angst vor morgen sind zwei Diebe, die uns das Heute rauben.*«

Nun gut, ich wäre wahrscheinlich ebenfalls um einiges relaxter, würde aus jeder Ecke Reggae-Musik erklingen und ein verräterischer Duft von Verbotenem in der Luft liegen und mein Gehirn vernebeln.

»Ist schon klar«, gibt Stefan zu, »dass diese Philosophie in unseren Breitengraden nicht so einfach zu leben ist. Schließlich haben wir eine völlig andere Mentalität und vor allem höhere Anforderungen, ein bisschen mehr Yaman würde uns jedoch mit Sicherheit guttun.«

Stefan hat noch mehr Weisheiten auf Lager.

»Auch die Schweden können uns als Inspiration dienen. Dort herrscht nämlich *Lagom*. Dies ist ein typisch schwedischer Begriff, und er repräsentiert die Lebensweise der Einheimischen. *Lagom* bedeutet, den goldenen Mittelweg eines bewussten Lebens zu wählen. Was heißen soll: nicht zu viel und nicht zu wenig. Das ist etwas, was viele Menschen verlernt haben. Es geht darum, die richtige Balance im Leben zu finden. Eine positive Lebenseinstellung, Zufriedenheit und das Genießen sind mindestens genauso wichtig wie Erfolg und Leistung. Ich finde, auch ein bisschen *Lagom* könnten wir alle gut gebrauchen.«

Lagom und *Yaman* – ich lasse mir die zwei Wörter auf der Zunge zergehen.

Stefans Repertoire an Ratschlägen und Weisheiten ist unglaublich. Wie um alles in der Welt fallen jemanden all diese Dinge ein? Beneidenswert. Trotzdem gehen mir heute seine neunmalklugen Sprüche extrem auf die Nerven. Zurzeit sind sie ohnehin zum Zerreißen gespannt. Plötzlich möchte ich nur noch nach Hause, mich in Jogginghosen auf das Sofa werfen, eine Chipstüte aufreißen und mir eine romantische Komödie reinziehen. Stundenlang Netflix schauen. Nichts denken. Stefans Gerede ist mir zu viel, die Sitzung zu mühsam. Ich will mein altes Leben zurück. Sofort. Das ist mein sehnlichster Wunsch. So schlecht war es eigentlich gar nicht. Warum dachte ich bloß, es würde plötzlich nicht mehr genügen. Sogar meine Domina wäre mir in diesem Augenblick höchst willkommen. Wie einfach und erfrischend war dagegen ihr oberflächliches Gefasel. Jedenfalls war es nicht so anstrengend wie Stefans tiefsinnige Weisheiten. Außerdem war mir nicht bewusst, dass ich derart viel Einsatz zeigen muss. So viel mitarbeiten, Zeit einplanen, Hausaufgaben erledigen wie ein Schüler. Ich dachte, diese Zeiten wären vorbei. Zu Beginn war es recht lustig, aber langsam habe ich nicht nur den Kopf, sondern auch die Nase voll. Vielmehr war ich der Ansicht, mit dem Honorar wäre mein Part an der ganzen Geschichte erledigt. So kann man sich täuschen. Stefan reißt mich aus meinen Gedanken.

»Eine weitere Sache, liebe Marie: Wenn du gerade dieses Gefühl hast, dass plötzlich alles auseinanderfällt, bleib ganz ruhig. Es sortiert sich nur neu. Hab Vertrauen. Jetzt bloß nicht die Flinte ins Korn werfen. An diese Stelle kommen fast alle meiner Klienten. Das ist sogar gut, obwohl du es momentan wahrscheinlich nicht glauben kannst. Stell dir einfach das Bild eines großen Puzzles vor, dessen einzelne Teile du nach und nach wieder zusammensetzen musst, zuallererst den Rahmen, dann das Innere. Teilchen für Teilchen, bis sich alles wieder komplett anfühlt, bis ein großes Ganzes entsteht. Na, wie fühlt sich das an?«

Gut. Beim Puzzle Spielen war ich früher ein Profi. Stundenlang habe ich auf dem großen Holzbrett, das mir mein Papa gemacht hatte, gepuzzelt. Heute bin ich leider etwas aus der Übung. Aber der Vergleich gefällt mir, ich stelle mir diesen Akt bildlich vor. Es ist ein schönes Bild, wie sich nach und nach alles fügt, bis schließlich nicht nur das Puzzle, sondern auch ich selbst wieder ganz werde.

»Ich hoffe sehr, dass ich dich heute ein wenig aufmuntern konnte«, sagt Stefan am Ende der Stunde. »Du darfst nicht unterschätzen, was unsere gemeinsame Arbeit in den letzten Wochen in dir ausgelöst hat. Wie gesagt, du bist nicht die Erste meiner Klienten, die nach ein paar Sitzungen das Gefühl hat, komplett überfordert zu sein und daher glaubt, einen großen Rückschritt gemacht zu haben. Darum wiederhole ich mich: Sei geduldig, gnädig und geh liebevoll mit dir um. Freue dich an deinen Genussinseln. Gönn dir Ruhephasen. Alles andere wird sich schon richten. Sei unbesorgt. Du kannst dich übrigens auf unseren nächsten Termin freuen. Ich bin sicher, mit dieser Sitzung werden wir einen Durchbruch erzielen. Du wirst sehen, sie wird dich einen Quantensprung voranbringen.«

Neugierig erkundige ich mich nach dem Thema. Ich hätte schon gerne gewusst, was auf mich zukommen wird. Leider lässt mich mein Coach im Dunkeln tappen, er verspricht mir jedoch ein aussagekräftiges, bahnbrechendes Zitat von Francis Bacon. Damit macht er mich nur noch neugieriger auf unser nächstes Treffen. Nach seinem verheißungsvollen Versprechen verabschiedet er sich und überreicht mir das obligatorische rosa Kuvert. Jetzt stehe ich da wie bestellt und nicht abgeholt. Mir bleibt nichts anderes übrig, als zu warten oder nach Zitaten von diesem Francis Bacon zu googeln.

VON FERRARIS UND WILDEN PARTYNÄCHTEN

Nach der gestrigen Sitzung hatte ich das Gefühl, ich bräuchte einen Tapetenwechsel. Sofort und unbedingt. Ich überlegte verzweifelt, was ich tun könnte. Plötzlich fiel mir ein, dass ich Stefans Kuvert noch gar nicht geöffnet hatte. Nach unserem Coaching hatte ich nicht die geringste Lust auf eine neue, mit Sicherheit herausfordernde Hausaufgabe verspürt. Langsam reichte es mir ohnehin. Das rosa Kuvert hat irgendwie seinen Reiz verloren. Außerdem war ich in Gedanken bereits bei der nächsten Sitzung, die mich laut Stefan einen riesigen Schritt nach vorne katapultieren sollte.

Trotzdem holte ich das Kuvert aus meiner Handtasche und legte es auf den Tisch. Sollte ich es einfach in den Müll werfen oder im Küchenofen verbrennen? Keine Spuren hinterlassen und Stefan gegenüber behaupten, ich hätte es verloren? Allerdings wären die Hausaufgaben dadurch nicht vom Tisch. Mein Coach kann äußerst hartnäckig sein. Mein Pflichtbewusstsein und meine Vernunft siegten.

Mit einem ergebenen Seufzer öffnete ich das Kuvert und las Stefans Zeilen.

Für Marie.
Ich wünsche dir viel Erfolg mit der folgenden Aufgabe für diese Woche.

Gönn dir in den nächsten Tagen etwas Besonderes, etwas Außergewöhnliches, etwas, was du schon lange nicht mehr getan hast. Sorge für Aufregung und Abwechslung. Lass es wieder prickeln in deinem Leben.
Das hast du dir nach den letzten Wochen redlich verdient.

Bis zum nächsten Mal.
Dein Stefan Müller

PS: Behandle dich viel öfter wie einen Ferrari, nicht wie einen alten, rostigen Opel.

Gott sei Dank hatte ich den Zettel mit meinen Hausaufgaben nicht verbrannt. Über Stefans letzten Satz musste ich herzhaft lachen. Mein erstes Auto war nämlich tatsächlich ein Opel, und ich habe ihn gehegt und gepflegt, als wäre er eine Luxuskarosse. Meine ganzen Ersparnisse hatte ich für dieses rote alte Auto ausgegeben. Aber ich verstand Stefans Vergleich. Immerhin hatte ich eine lehrreiche Lektion in Sachen Selbstwert und Selbstliebe.

Plötzlich erinnerte ich mich an die Sitzung bei Dr. Schreyer und an ihr oberflächliches Gerede von spritzigem Champagner oder so ähnlich. »Lassen Sie es wieder prickeln, Frau Gruber, und zwar mit Champagner und nicht mit billigem Prosecco von Aldi! Sie leben schließlich nur einmal. Gönnen Sie sich etwas. Das Leben ist zu kurz für irgendwann.«

Ja, ich war sicher, genau diese Worte hatte sie benutzt. Damals war mir nicht klar, was genau sie damit meinte. Heute konnte ich besser verstehen, was sie damit sagen wollte. Mein Bedürfnis nach diesem prickelnden Getränk war mit einem Mal so unglaublich groß, dass ich glaubte, es bereits in meinem Mund zu schmecken, dieses perlende, kohlensäurehaltige Getränk. Ich lechzte geradezu danach. Ja, es sollte wieder prickeln in meinem Leben. Es erstaunte mich jedes Mal aufs Neue, welche Vergleiche und witzigen Sprüche meine Therapeuten auf Lager haben. Sie hatten beide recht. *Du hast eindeutig zu wenig Champagner in deinem Leben, liebe Marie. Lass es endlich wieder prickeln, und zwar nicht mit billigem Sekt von Aldi. Du hast etwas Edleres verdient.* Ich war einer Meinung mit Dr. Schreyer. Ich hätte nicht gedacht, das jemals zu sagen. Es sah ganz danach aus, als wäre die teure Sitzung doch nicht völlig umsonst gewesen.

Meine Freundin Susanne ist ein Garant, ja die ideale Lehrmeisterin in Sachen Prickeln. Also rief ich Susi an. Ich jammerte ihr die Ohren voll, von wegen gedanklich überfordert, Decke auf den Kopf fallen und so weiter und so fort. Spontan beschlossen wir, auszugehen und uns eine wilde Nacht um die Ohren zu schlagen. Na ja, das mit der wilden Nacht war nicht auf meinem Mist gewachsen. Dies war Susannes Wortlaut. In diesen Dingen ist sie die Fachfrau – als ehemaliges Münchner Partygirl.

Das Ergebnis dieser Nacht war Folgendes: Ich erkannte mich nicht wieder. War das tastsächlich ich, die brave, schüchterne, kontrollierte Marie, die sich in wilden Zuckungen auf der Tanzfläche gebärdete und einen Cocktail nach dem anderen kippte? Wer war diese Frau, die lachte, mit fremden Männern flirtete und keinen Gedanken an die Uhrzeit oder an zu Hause verschwendete? Seit wann war es mir möglich, unbeschwert das Hier und Jetzt zu genießen? Mein Handy war in meiner Handtasche verstaut, vom Beginn bis zum bitteren Ende der wilden Partynacht. Fünf Nachrichten von Sebi waren eingegangen. Irgendwann im Morgengrauen kam ich ziemlich angetrunken nach Hause. Ich kann mich vage daran erinnern, wie ich mich aufs Bett setzte und versuchte, meine Hose auszuziehen. Leider verlor ich dabei das Gleichgewicht und landete unsanft auf dem Schlafzimmerboden. Kichernd rieb ich mir meinen Hintern und rappelte mich umständlich wieder auf. Nach zwei weiteren Versuchen gab ich schließlich auf und fiel querüber ins Bett. Sebi schrie erschrocken auf, brummte ein wenig und bettete mich nicht gerade fürsorglich auf meine Hälfte. Vorsichtshalber stellte er einen Eimer auf den Boden. Ein paar Minuten lang fuhr ich Karussell, alles drehte sich. Mein Gedanke war: Bin ich etwa auf dem Rummelplatz, vielleicht auf dem Rosenheimer Herbstfest? Ich ließ ein Bein raushängen und versuchte verzweifelt zu bremsen. Endlich hatte ich es geschafft. Das Fahrwerk stand. Gott sei Dank. Ich war erleichtert und sank in einen tiefen, traumlosen Schlaf.

***

»Na, Rausch ausgeschlafen? Wars wenigstens lustig gestern Abend mit deiner Busenfreundin?«, will Sebastian wissen, als ich am nächsten Morgen gerädert in die Küche schleiche. Ach, diese Tage danach haben es in sich. Da wird einem wieder schmerzlich bewusst, weshalb sie ab einem gewissen Alter nicht mehr so häufig vorkommen. *»Das Jungsein ist nicht umsonst«*, sagte meine liebe Oma stets. Sie hatte recht, wie in so vielen Dingen. Einiges habe erst leider erst nach ihrem Tod verstanden.

Warum ist es hier bloß so hell? Ich kneife meine Augen zusammen und werfe einen Blick auf die Küchenuhr. Halb elf! Um Gottes Willen. So lange habe ich ewig nicht mehr geschlafen. Ich glaube, seit ich ein Teenager war.

Die Frostigkeit in Sebis Stimme war nicht zu überhören gewesen. Es scheint, als wäre mein Versuch, möglichst leise und unauffällig ins Bett zu gelangen, kläglich gescheitert. Fakt ist, ich kann mich nicht mehr genau erinnern. Heute Morgen habe ich den Eimer gesehen und auf meinem Hintern prangt ein blauer Fleck. Was habe ich gestern bloß alles angestellt?

»Jetzt hab dich nicht so, als wärst du der heilige Sebastian und noch nie angetrunken heimgekommen!« Ich gehe sofort in Abwehrhaltung. Konfrontation ist in solch einer Situation immer die beste Lösung.

»Das ist was anderes«, brummt er schlecht gelaunt.

Susanne liegt nicht völlig falsch, indem sie meinen Mann als Macho bezeichnet. Seltsam, immer öfter kommt mir dieser Gedanke.

»Ich habe dir mehrere Nachrichten geschickt. Es hätte schließlich was passiert sein können. Eine kurze Meldung wäre nicht zu viel verlangt gewesen«, jammert Sebi und möchte mir damit wahrscheinlich ein schlechtes Gewissen machen.

Ich dachte, er schliefe mit Sicherheit längst – ach, ehrlich gesagt, dachte ich gar nichts. Mein Mann hat natürlich nicht unrecht. Auch ich mache mir jedes Mal Sorgen, wenn er im Wirtshaus die Zeit vergisst. Vielleicht kann er nun endlich verstehen, wie es mir dabei geht, wenn er sich stundenlang nicht meldet.

Obwohl es in meinem Kopf schwirrt wie in einem Bienenstock und ich sehnsüchtig das Ende des Tages herbeisehne, muss ich mir eingestehen, dass ich seit Langem keinen so schönen und unbeschwerten Abend mehr verbracht hatte. Was haben wir gelacht, über alles Mögliche gequatscht, uns über unsere Männer ausgelassen und bis in die Morgenstunden getanzt. Susi war von meiner Ausdauer freudig überrascht und meinte, das hätte sie mir gar nicht zugetraut. Als wir schließlich verschwitzt und beschwipst mit dem Taxi nach Hause fuhren, sagte sie doch ernsthaft, ich hätte noch gute Chancen auf dem Markt. Sebi sollte sich warm anziehen. In Erinnerung an unseren ausschweifenden Kneipenabend verkniff ich mir vor meinem Mann ein seliges Lächeln.

Er brummt noch eine Weile leise vor sich. Ich weiß genau warum. Es gefällt ihm nicht, dass er heute mit Flo auf den Fußballplatz fahren soll. Ich schaffe es mit bestem Willen nicht, und dieses Mal gebe ich nicht klein bei. Ich befürchte nämlich, der Lärm dort und der hin und her fliegende Ball würden meinen armen Kopf heillos überfordern. Missmutig ruft er seinen Bruder Max an und teilt ihm mit, ihn heute leider nicht auf den Flohmarkt begleiten zu dürfen. Er sagt tatsächlich dürfen, ist das zu fassen!

Ich habe kein Erbarmen. Es schadet ihm nicht, nach langer Zeit wieder einmal einen Sonntag zu investieren, um seinem Sohn beim Kicken zuzuschauen. Immerhin war es seine Idee, Flo im Fußballklub anzumelden. Und unsere Garage ist ohnehin so was von vollgestellt, dass kein bisschen von diesem alten Flohmarkt-Gerümpel mehr Platz darin hätte.

Als die beiden endlich aus dem Haus sind, mache ich mir eine zweite Tasse Kaffee. Ich sinke in meinen gemütlichen Lesesessel und erlaube mir, mit einem dümmlichen Grinsen auf dem Gesicht, noch ein paar Minuten in den Erinnerungen des gestrigen Abends zu schwelgen. Dieser Raphael, der mir ein paar Drinks spendierte, leider keinen Champagner, und mich immer wieder auf die Tanzfläche zog, war zweifelsohne ein Augenschmaus. Er machte mir den Hof, hörte mir aufmerksam zu und lachte über vieles, was ich sagte, als wäre ich ungeheuer witzig. Ich fühlte mich begehrenswert und zehn Jahre jünger. Leider war es so, dass er mindestens zehn Jahre jünger war als ich. Aber das war mir so was von egal. Dieses Gefühl war so herrlich, geradezu ein Booster für meine empfindsame Seele. Danach könnte ich süchtig werden. Auf alle Fälle hat es geprickelt. Ich war ein nagelneuer roter Ferrari, der nur so glänzte und schnurrte. Genau darum ging es schließlich bei meinen Hausaufgaben. Wäre ich noch in der Schule, würde ich eine glatte Eins bekommen, ach was, eine römische Eins. Wie man sieht, hat es durchaus

Vorteile, eine brave, fleißige Schülerin zu sein. Frau Dr. Schreyer behauptete, mein Leben sei eintönig und langweilig. Hätte sie mich heute Nacht erlebt, würde sie ihre Meinung mit Sicherheit revidieren.

SEBASTIAN

WAS IST BLOSS LOS MIT IHR?

Ich versteh plötzlich die Welt nicht mehr. Wo ist meine Frau geblieben?

Ich habe das ungute Gefühl, sie entgleitet mir. Schleichend, jeden Tag ein kleines Stück mehr.

Das Eigenartige an der ganzen Sache ist, je mehr sie im Begriff ist, sich selbst zu finden, zu lieben, wertzuschätzen oder wonach auch immer sie in den letzten Wochen so verzweifelt sucht, umso mehr verliere ich sie. Ich bin sicher, Susanne, die sich selbstbewusst als »Frau von Welt« betitelt, hat Marie diesen Floh ins Ohr gesetzt. Von wegen Selbstfindung, Gleichberechtigung und dem ganzen Pipapo. Auf mein untrügliches Gefühl, diese Frau betreffend, war also Verlass. Es hat mich, wie bereits so oft, nicht getäuscht. Von Beginn an war ich misstrauisch und nicht gerade erfreut, als Marie mit dieser Emanze Freundschaft geschlossen hatte. Leider habe ich unterschätzt, wie groß ihr Einfluss auf meine Frau tatsächlich ist. Ich bin nicht blöd und weiß sehr wohl, was die liebe

Susi von mir hält. Bin ich wirklich der Macho, ein Patriarch der alten Schule, den sie in mir sieht? Nehme ich Maries Bedürfnisse zu wenig ernst? Diese Fragen habe ich mir die letzten Jahre nie gestellt. Nie stellen müssen. Vor nicht allzu langer Zeit hätte ich mit absoluter Überzeugung behauptet, sie liege komplett falsch. Heute ist die Antwort darauf: Vielleicht, ich weiß es einfach nicht mehr. Meine Frau hat sich nie beklagt, sie schien stets zufrieden mit ihrer Rolle in unserem gut funktionierenden Familiengefüge. Was hatte sich nun plötzlich geändert? Was war der Stein des Anstoßes? Ist es vielleicht doch eine Art Midlife-Krise? Jedenfalls habe ich den Eindruck, dass dieser Stein immer größer wird, schneller rollt und sich nicht mehr aufhalten lässt. Der Stein des Sisyphus, fällt mir als passender Vergleich plötzlich ein.

Seitdem Susi ihr diesen Stefan Müller, ihren ehemaligen Studienkollegen empfohlen hat, läuft alles komplett aus dem Ruder. Seit meine Frau zu diesem Möchtegern-Guru läuft, ist sie nicht mehr dieselbe – nicht mehr meine Marie. Dabei kenne ich sie bereits seit so vielen Jahren und sie ist nach wie vor meine große Liebe, die Mutter unserer Kinder. Es passt einfach mit uns. Das dachte ich zumindest immer. Wir sind gesund, verstehen uns gut, die Kinder werden oder sind bereits flügge, wir haben ein schönes, schuldenfreies Heim. Ja, um Gottes Willen, zählt denn das alles nichts mehr? Warum ist ihr das plötzlich zu wenig? Nun komme ich nicht umhin, mich darüber zu ärgern, dass sie plötzlich so unzufrieden und undankbar ist. Sie hat doch alles, was sie braucht. Das erste Mal in meinem Leben bin ich ratlos. Ich weiß nicht, was ich tun soll. Wenn es so weitergeht, werde ich auch bald einen Psychofritzen brauchen. Pah, so weit kommt's noch!

Erst kürzlich ist Marie nach einem Abend mit Susanne reichlich angetrunken nach Hause gekommen – im Morgengrauen. Wie ein junges Mädel kicherte sie in einem fort und fiel schließlich komplett angezogen ins Bett, querüber auf mich drauf. Sogar ohne ihre Zähne zu putzen, was einem kleinen Wunder gleicht. Denn hier kennt sie normalerweise kein Pardon. Da gibt es keine Ausrede und sei es noch so spät. Sie könne sonst nicht schlafen, behauptet sie stets. So ein Schmarrn. Was ihren Rausch betrifft, bin ich vielleicht nicht in der geeigneten Position, mich als Moralapostel aufspielen zu dürfen; komme ich ja auch hin und wieder mit ein paar Bier zu viel nach Hause. Aber ausgerechnet die stets so disziplinierte Marie, die am liebsten beide Hände auf ihr Glas presst, damit keiner nachschenken kann; als hätte sie panische Angst, einen Schluck zu viel zu erwischen und ihre Kontrolle zu verlieren. Marie, die eiserne Lady, so nenne ich sie manchmal insgeheim. Wie neulich Abend oder besser gesagt morgens um vier Uhr kenne ich sie einfach nicht. Und wenn ich ehrlich bin, hat es mir nicht gerade gefallen. Rauschige Weibsbilder sind nicht unbedingt schön anzuschauen. Ich glaube, seit mindestens zwanzig Jahren habe ich Marie nicht mehr beschwipst gesehen. Okay, letztes Silvester, als wir bei uns mit Freunden gefeiert hatten, war eine klitzekleine Ausnahme. Da hat sie ein paar Gläser Sekt getrunken und war am Neujahrstag ein wenig angeschlagen.

Wenn ich jetzt genauer darüber nachdenke, hat sie sich ziemlich genau zu dieser Zeit zu verändern begonnen. Ja, ich bin mir ganz sicher, dass damals das Unheil seinen Lauf genommen hat. Kein guter Start in das neue Jahr.

Wahrscheinlich sollte ich dieser Rausch-Sache keine allzu große Bedeutung schenken. Dennoch mache ich mir so meine Gedanken. Wer würde das nicht? Wie wird es weitergehen, was kommt als Nächstes auf dem Weg zu ihrer Selbstfindung? Womöglich eine Affäre? Wer weiß, welche Methoden dieser Life-Coach noch in petto hat. Vielleicht stellt er sich selbst zur Verfügung, dieser Müller. Zuzutrauen wäre es ihm ja.

Life-Coach, wenn ich das schön höre! Warum brauchen die Menschen plötzlich Life-Coaches? Als hätten sie zu leben verlernt, als wäre das Leben allein nicht mehr zu meistern.

Manchmal ertappe ich Marie dabei, wie sie selig vor sich hinlächelt, mit diesem verträumten Ausdruck auf dem Gesicht. Beinahe so, als hätte sie Geheimnisse vor mir; als wüsste sie etwas, was ich nicht weiß. Das macht mich rasend. So wie neulich, als ich nicht widerstehen konnte und sie fragte, wie dieser Stefan Müller denn aussähe. Daraufhin grinste sie nur und schwärmte in höchsten Tönen von ihm. Das ärgerte mich maßlos. Ich dachte stets, ich wüsste alles über meine Marie, naja fast alles, zumindest das Wichtigste. Alles muss ich ohnehin nicht wissen, aber das, was zählt halt. Nun verbringt sie plötzlich Stunden über Stunden mit diesem Kerl, einem praktisch Fremden. Redet mit ihm über Dinge, von denen ich wahrscheinlich gar nichts weiß, Persönliches über sich selbst und mit Sicherheit auch über mich und die Kinder. Ich fühle mich außen vor und irgendwie verraten. Vor einiger Zeit hat sie sich im Badezimmer eingeschlossen. Davon hat mir Flo erzählt. Das hat sie noch nie zuvor gemacht.

Könnte jetzt jemand meine Gedanken lesen, dann würde er schlecht behaupten können, ich trage keine tiefgründigen in mir. Denn ich weiß sehr wohl, was die meisten über mich denken: Der gute alte Sebi, einfach gestrickt, gesellig und immer gut drauf, macht sich nicht allzu viele Gedanken. Der gemütliche Bayer mit ein paar Pfunden zu viel auf den Rippen geht gern ins Wirtshaus und in den Biergarten. Ab und zu handelt er ein bisschen auf den Flohmarkt und schleppt Sachen nach Hause, die keiner braucht. Das mit der optimistischen Grundeinstellung stimmt. Ich bin praktisch veranlagt und ein zufriedener Mensch. Ich mache mir das Leben nicht unnötig schwer. Ich weiß eben zu schätzen, dass es uns gut geht. Und ein Jammerer war ich noch nie, aber eben auch kein Mann der großen Gefühle. So bin ich nicht aufgewachsen. Diese Gefühlsduselei ist wohl eher Frauensache. Richtige Männer fachsimpeln lieber; über Sport, Politik oder die Arbeit. Ist es nicht so? Wenn ich mir jetzt selbst zuhöre, muss ich ehrlicherweise zugeben, dass meine Ansichten vielleicht doch etwas altertümlich und überholt sind. Hat Susanne am Ende recht, wenn sie mich als Macho bezeichnet? Ach was, mein Motto war eben stets: Wenn‘s passt, dann passts, und all die Jahre gab mir Marie keinen Grund zur Annahme, es würde etwas nicht passen. Zumindest nichts Grundlegendes. Sonst hätte sie wohl irgendwann etwas gesagt. Außerdem bin ich sehr wohl fähig, die Dinge zu durchschauen. Viele Menschen machen den Fehler, mich zu unterschätzen. Bisher hat mich das nicht gestört – im Gegenteil. Nun werde ich gezwungenermaßen aus meiner

Deckung geholt, aus der Reserve gelockt. Ich beschließe, diesem Stefan einmal auf den Zahn zu fühlen. In der Zwischenzeit mache ich auf »Schönwetter«, werde aber Vorsicht walten lassen. Ich werde auf der Hut sein und die Geschehnisse um mich herum aufmerksam beobachten. Aus dem Hinterhalt. Genau wie Garfield, wenn er auf der Lauer liegt, seine ahnungslose Beute ins Visier nimmt und zum richtigen Zeitpunkt zuschlägt.

Stefan Müller, du Frauenversteher, nimm dich in Acht.

DER SCHLÜSSEL ZUM GLÜCK

»Heute werde ich dir ein Schlüsselerlebnis der besonderen Art liefern.«

Mit diesem verheißungsvollen Satz begrüßt mich Stefan bei unserer nächsten Sitzung. Ich bin neugierig und gespannt wie ein Flitzebogen. Jedes Mal werde ich reicher an Wissen und vor allem an Weisheit. Mein kleiner innerer Buddha wächst und gedeiht. Vor allem bin ich heiß auf den versprochenen Quantensprung. Aus diesem Grund habe ich dieser Sitzung bereits seit Tagen entgegengefiebert. Ich hoffe, mein Coach hat nicht zu viel versprochen.

»Heute werden wir uns nämlich mit dem Thema Dankbarkeit näher beschäftigen. Wir widmen uns damit einem äußerst wichtigen Thema, wie du gleich erfahren wirst«, verspricht er mir.

»Weißt du, liebe Marie, warum Dankbarkeit so überaus wichtig ist? Und damit meine ich echte Dankbarkeit. Sie muss ehrlich sein, das ist die Voraussetzung. Denn unechte, die man nicht richtig spüren kann, ist wie ein Kompliment, das nicht von Herzen kommt. Du weißt schon auf diese Art, wenn Kinder Danke sagen *müssen.*«

Wie war noch mal die Frage? überlege ich angestrengt.

»Sie ist deshalb so wichtig, weil sie der Schlüssel zum Glück ist.«

Gott sei Dank gibt sich Stefan die Antwort auf seine Frage selbst. Natürlich weiß ich, dass Dankbarkeit etwas sehr Schönes und Wichtiges ist. Ich bin überzeugt, dass dankbare Menschen zufriedener sind. Auch ich bin für viele Dinge und Menschen in meinem Leben dankbar, allen voran für meine Familie und unser aller Gesundheit. Was ich jedoch nicht weiß, ist, warum sie der Schlüssel zum Glück sein sollte. Also warte ich geduldig, bis Stefan weiterspricht.

»Laut Studien macht Dankbarkeit nachhaltig glücklicher. Da heutzutage ohnehin jeder von Nachhaltigkeit spricht, ist Dankbarkeit auf keinen Fall altmodisch, sondern up to date. Sie reicht von erholsamem Schlaf bis hin zu besseren Beziehungen. Dankbare Menschen sind angeblich seltener krank, und es ist ihnen möglich, besser mit Belastungen und Krisen umzugehen. Wenn das denn so ist, wie ich es sage und vor allem, wenn wir uns dessen sogar bewusst sind, dann stellt sich uns eine ganz legitime Frage: Warum fällt uns dennoch die Wertschätzung für all die schönen kleinen und auch größeren Dinge im Leben oftmals so schwer? Warum würdigen wir sie zu wenig? Der Gewinn, also die Relation von Aufwand und Ertrag oder nenn es Erfolg, steht zweifelsfrei dafür, nicht wahr? Und das mit minimalem Zeitaufwand. Kannst du dir vorstellen, weshalb das so ist?«

»Kann es sein, dass wir vieles als selbstverständlich hinnehmen, insbesondere das Gute?«, wage ich zu fragen.

»Sehr gut beobachtet Marie, genau das ist die Krux.« Stefan pflichtet mir bei und meint:

»Es ist nämlich so, dass unsere Aufmerksamkeit leider verstärkt auf das Negative ausgerichtet ist. Das ist menschlich, angeblich ist es sogar genetisch bedingt. Wir nehmen Negatives drei bis vier Mal stärker wahr als Positives. Es geht sofort in unser Unterbewusstsein und setzt sich dort fest, nistet sich ein wie ein lästiger Parasit. Positives hingegen braucht viel länger. Das ist zwar blöd, aber leider eine Tatsache.«

Ja, das ist mir bereits des Öfteren aufgefallen. Leider weiß ich nicht, was ich konkret dagegen tun kann.

»Wenn dein Augenmerk verstärkt auf dem liegt, was du nicht hast, dann wirst du niemals genug haben«, ist Stefan überzeugt. »Es gäbe nämlich immer ein »Mehr« und ein »Besser«. Viele Menschen sind der Meinung, wären sie nur schöner, reicher, hätten sie nur einen besseren Job, einen netteren Partner und so weiter und so fort, dann fiele es ihnen garantiert leichter, dankbar zu sein. Dann wäre alles kein Problem. Ich nenne dieses Phänomen gerne die »Wenn-Dann-Falle«. Wenn ich nur dies oder jenes hätte, dann ...

Das ist in meinen Augen eine grundfalsche Denkweise, denn glaube mir, es wird nie diesen einen Tag geben, an dem ich morgens aufwache und feststelle: Dankeschön liebes Universum, jetzt habe ich genug, wovon auch immer – sei es genug Geld, die perfekte Beziehung, den tollsten Job, schöne Hobbys, viele Freunde, ausreichend Zeit für mich. Jetzt kann ich endlich glücklich sein. Außerdem, wer entscheidet denn darüber, wann es genug ist? Ich selbst und das sollte ich für mich klar definieren. Sonst findet sich kein Ende, und ich laufe dem Glück ständig hinterher. Die Aussage »Auf der Suche nach dem Glück«

hört man immer wieder. Ich finde, allein der Satz klingt anstrengend. Diese Suche nach dem Glück macht selten glücklich, denn sie kann zu einer Unendlichen werden. Dabei muss ich meistens gar nicht lange danach suchen. Es liegt häufig vor meiner Nase, nur sehe ich es nicht oder zu wenig. »Dem Glück auf der Spur« klingt wesentlich besser. Das ist natürlich meine subjektive Empfindung. Du siehst also, es ist eine Mähr, die uns glauben lässt, wir müssten erst glücklich sein, um dankbar sein zu können. Und genau an dieser Stelle kommt nun endlich das versprochene Zitat von Francis Bacon ins Spiel.«

»Nicht die Glücklichen sind dankbar.
Es sind die Dankbaren, die glücklich sind.«

Das ist wahrlich ein schöner Spruch und so überaus stimmig.

Stefan grinst.

»Na, was sagst du dazu, liebe Marie? Da ist was dran, nicht wahr? Es wird immer Menschen geben, die schöner, reicher, klüger oder erfolgreicher als man selbst sind. Menschen, die scheinbar auf die Sonnenseite des Lebens gefallen sind. Aber das Gras auf der anderen Seite des Grundstücks ist nicht automatisch grüner, wie wir es oft glauben. Es ist immer dort grüner und saftiger, wo es mehr gegossen wird. Verstehst du, was ich damit meine, Marie? Du selbst musst für dein Glück sorgen, die Verantwortung liegt bei dir. Wenn du dich auf das konzentrierst, was du hast, auf all die Dinge, die bereits jetzt schon dein Leben bereichern, umso mehr ziehst du in dein Leben, wofür du dankbar sein kannst. Und es fällt dir plötzlich verstärkt auf. Dies ist eine logische Rechnung und durch das Gesetz der Anziehung erklärbar. Wenn du beispielsweise in der Früh verschlafen hast, dir später beim Frühstück die Kaffeetasse umkippt, ein lästiger Stau auf dem Weg zur Arbeit herrscht, dann denkst du vielleicht: Typisch, das muss immer mir passieren, ich habe heute Morgen bereits gewusst, dass an diesem Tag nichts funktionieren wird! Und so schnell hast du dich in einer Negativspirale verfangen, und du wartest regelrecht auf weitere Dinge, die schiefgehen könnten. Du ziehst sie beinahe magisch an«, meint Stefan.

Ach ja, das mit der Negativspirale kenne ich nur allzu gut. Bin ich in dieser Stimmung, nehme ich jede Kleinigkeit als persönlichen Affront gegen mich wahr. Wenn ich in der Früh als Erstes die Unordnung in der Küche sehe, beim Öffnen des Brotbehälters gähnende Leere herrscht, weil Lukas spätabends alles aufgefuttert hat, dann bin ich bereits in der Jammerphase angekommen und muss mich um gute Laune bemühen.

»Was bedeutet es für dich, glücklich zu sein, Marie?«, unterbricht Stefan meine Gedankengänge.

»Versuche, es so klar wie nur möglich zu definieren. Ist es Reichtum, beruflicher Erfolg, Familienglück, ein schönes Zuhause? Jeder Mensch muss Glück und Erfolg für sich definieren. Ich weiß, dass das nicht immer so einfach ist. Das Problem ist, dass uns unsere leistungsorientierte Gesellschaft ein klares Bild vermittelt – nicht zuletzt über die sozialen Netzwerke. Und das führt wiederum zu Konkurrenzdenken, Überanstrengung, Durchboxen, Kämpfen, Vergleichen und leider nicht selten zu Neid. Wie oft hört man von Menschen, die reich, aber depressiv sind, erfolgreich, aber ausgebrannt. Es gibt Menschen, die haben Geld in Hülle und Fülle und leben ständig mit der Angst im Nacken, alles zu verlieren oder nie genug zu haben. Erfolg, ohne glücklich zu sein ist ein riesengroßer Misserfolg.«

»Um es auf den Punkt zu bringen«, beschließt er seine Ausführungen, »nicht das Glück kommt vom Erfolg, sondern der Erfolg ganz oft vom Glücklichsein. Wenn ich glücklich, dankbar und zufrieden bin, strahle ich dies aus. Nenn es Strahlkraft, Zufriedenheit oder wie auch immer du willst. Menschen, die Freude, Dankbarkeit, Glück und Begeisterung empfinden, sind Vorbilder für ihre Mitmenschen. Sie strahlen Lebensfreude aus und stecken andere damit an. Wenn es dir möglich ist, umgib dich vorwiegend mit diesen Menschen und nicht mit jenen, die ständig schwarzmalen und über alles und jeden schimpfen; Menschen, die das Leben als Bürde betrachten.«

»Ich verstehe ja alles, was du gesagt hast, Stefan«, gebe ich zu, »und du hast mit allem absolut recht. Ich weiß, wie gut es mir und meiner Familie geht, in einem Land wie unserem zu leben – ohne Angst und Hunger. Nur vermag ich es im stressigen Alltag meist nicht zu schätzen, dieses große Glück. Ich kann es nicht wirklich sehen. Ich möchte nicht undankbar erscheinen. Leider weiß ich nicht, wie ich das nachhaltig verändern kann.«

Stefan meint: »Das Gute an der ganzen Geschichte ist, dass es gar nicht so schwierig ist, wie es auf den ersten Blick erscheint. Es ist ja nicht so, dass Menschen automatisch dankbar auf die Welt kommen. Wie viele andere Dinge lässt sich Dankbarkeit erlernen, in kleinen Schritten.

Und dazu gibt es einige sehr effektive Möglichkeiten.«

Gott sei Dank! Am liebsten sind mir immer konkrete Anweisungen und Tipps meines Coachs; weil ich damit direkt in die Umsetzung gehen kann. Seinem Versprechen aus dem Kennenlerntermin, dass Coaching vor allem alltagstauglich sein müsse, ist er treu geblieben.

»Es ist sogar recht leicht«, behauptet Stefan, »und es ist vermutlich die logischste und einfachste Glücksregel, die es gibt. Dennoch befolgen sie die meisten Menschen nicht. Vielleicht, weil sie ihnen zu einfach erscheint. Wenn du glücklich werden oder dich besser fühlen möchtest, dann tu Dinge, die dich glücklich machen. Vor allem mach sie immer wieder oder noch besser, schreib sie auf, damit du dich an dieses Gefühl erinnerst, wenn es mal nicht so gut läuft. Dann kannst du in schlechten Zeiten beherzt darauf zurückgreifen. Glaube mir, das ist ein unglaublicher Schatz. Darum bekommst du von mir heute die Hausaufgabe, ein schönes Notizbuch zu kaufen. In Sachen Glück und Dankbarkeit ist dies mein absoluter Lieblingstipp an meine Klienten: das Führen eines Dankbarkeit- oder Glückstagebuches, egal, wie du es nennen willst. Das tut nichts zur Sache, du weißt ja inzwischen, dass die beiden untrennbar miteinander verbunden sind. Schreibe jeden Abend drei Dinge in dieses Buch und seien sie noch so winzig und unbedeutend: ein Lächeln deines Gegenübers, eine gute Schulnote deiner Jungs, ein gelungenes selbstgekochtes Essen, das zufriedene Schnurren deines Katers Garfield. Haustiere und Kinder sind übrigens die besten Lehrmeister. Fühle dich dabei bewusst in das Aufgeschriebene hinein – für mindestens zehn Sekunden. Denn es ist wichtig, deine

Erlebnisse nicht bloß aufzuschreiben und danach abzuhaken, wie du es auf deiner Einkaufsliste tust. In diesem Fall gehen sie nämlich nur ins Kurzzeitgedächtnis. Du musst mit all deinen Sinnen fühlen. Wenn du dich in die erlebte Situation noch einmal intensiv hineinversetzt, wirst du mit einer Dopaminausschüttung belohnt. Dopamin ist ein Glückshormon, aber das weißt du wahrscheinlich. Dann schaffen das Glück und die Freude den Sprung ins Langzeitgedächtnis. Des Weiteren ist es notwendig, dass du deine Eintragungen jeden Tag machst, denn Routinen sind unglaublich wichtig für die Programmierung des Gehirns. Stell dir vor, unser Gehirn besitzt die unglaubliche Fähigkeit, sich immer wieder neu zu verdrahten. Ist das nicht genial? Das haben Neurowissenschaftler anhand von Gehirnscans herausgefunden. Dieser Vorgang wird Neuroplastizität genannt und beschreibt die Fähigkeit unseres Gehirns, sich laufend an neue Veränderungen und Anforderungen anzupassen. Unser Gehirn ist also lernfähig und nie zu alt, um sich auf Neues einzustellen. Von wegen alter und grauer Gehirnzellen – das ist ab heute eine faule Ausrede und wird nicht mehr akzeptiert.«

Alt und grau! So alt bin ich nun auch wieder nicht. Es schadet jedoch nicht, mein Gehirn ein wenig zu mobilisieren und Routinen einzuführen. Ich glaube, die brauche ich dringend. Auf alle Fälle habe ich heute sehr viel über Glück und Dankbarkeit erfahren und das auf sehr anschauliche Art und Weise. Ich sehe einiges anders, klarer. Mein Coach hat mir also tatsächlich das versprochene Schlüsselerlebnis geliefert.

Zum Abschluss unserer Stunde fragt Stefan: »Weißt du, Marie, was die fruchtbarste Quelle der Dankbarkeit ist? Der passende Schlüssel? Es ist die Achtsamkeit – dein uneingeschränkter Fokus auf eine Sache, egal, ob es die vielen Wunder der Natur sind, nette Gesellschaft oder ein gutes Essen. Wenn du genau hinsiehst, wirst du entdecken, dass es Unzähliges gibt, wofür du dankbar sein kannst. Du musst nicht erst im Glück schwimmen. Es sind meistens die kleinen Dinge, die in Wirklichkeit ganz groß sind. Wer es schafft, sich im Leben an Kleinigkeiten zu erfreuen, der ist glücklicher als jemand, der ab und zu große, intensive Glücksmomente erlebt. Die Häufigkeit und nicht die Intensität ist entscheidend. Und ich kann dir sagen, kleine Glücksmomente lauern überall, in jeder noch so winzigen Ecke, meist direkt vor deiner Nase. Wie gesagt, du musst nur genau hinschauen – achtsam sein.

Damit bin ich bereits bei deiner zweiten Hausaufgabe für diese Woche angelangt:

Nimm in den nächsten Tagen bewusst deine Umgebung wahr, so als würde es keine Selbstverständlichkeiten geben. Ähnlich einem kleinen Kind oder einem jungen Welpen, der das erste Mal Gassi geht, dabei die Welt erkundet und jedes einzelne Blatt beschnüffelt und bestaunt. Ein kleines Hündchen, das sich einfach daran erfreut, dass es auf der Welt ist.«

Ach, ist das ein schönes Bild. Ich liebe Stefans Vergleiche. Aber kann es so einfach sein, frage ich mich erstaunt.

»Weißt du, Marie, was das Traurige an der ganzen Geschichte ist?«, fragt Stefan. »Wir haben oft das Gefühl, das Glück scheint häufig da zu sein, wo wir gerade nicht sind – bei einem anderen Job, an einem anderen Tag, hinter der nächsten Straßenecke; daher vorhin das Beispiel mit dem Gras. Während wir diesem Glück hinterherlaufen, vergeht das Leben, und zwar rasant, im Eiltempo. Erst wenn wir hin und wieder innehalten und zurückblicken, merken wir plötzlich: Damals waren wir echt glücklich. Warum haben wir das nicht gesehen? Leider bemerkt man das häufig erst im Nachhinein. Doch es ist nie zu spät. Du kannst dich jeden Tag aufs Neue fürs Glück entscheiden. Denn Glück ist immer eine Entscheidung, und zwar eine, die nur du selbst treffen kannst. Du bist deines eigenen Glückes Schmid, so heißt dieses nette passende Sprichwort, nicht wahr? Mach also was draus, liebe Marie. Und mach dir in den nächsten Tagen Gedanken darüber, was Glücklichsein für dich bedeutet? Und vor allem warte nicht darauf, dass andere dich glücklich machen. Hierbei ist Enttäuschung vorprogrammiert. Aber das muss ich dir nicht sagen, das hast du mit Sicherheit bereits erlebt.«

Mit diesen Worten verabschiedet sich Stefan endgültig und drückt mir das rosa Kuvert in die Hand. Oh, eine dritte Aufgabe? Ich bin überrascht und gleichzeitig neugierig. Darum öffne ich es sofort, als ich im Auto sitze.

Für Marie.
Ich wünsche dir viel Erfolg und vor allem viele Glücksmomente mit dieser Aufgabe für das nächste Jahr.

Kaufe dir ein großes, schönes Glas. Es sollte ein besonderes Glas sein, nicht bloß ein Einweckglas, in dem du saure Gurken aufbewahrt hast. Denn es wird zu deinem persönlichen Glücksglas. Sammle darin ein ganzes Jahr lang Glücksmomente. Dann hast du in Zeiten, in denen es nicht so gut läuft, einen wahren Schatz, den du nach und nach bergen kannst. Mit jedem Zettelchen, das du herausfischst, kannst du deine Seele streicheln.

Bis zum nächsten Mal.
Dein Stefan Müller

Saure Gurken? Stefan ist schon eine Nummer für sich.

***

Am nächsten Morgen sitze ich am Küchentisch und genieße meine erste Tasse Kaffee. Heute muss ich erst am Nachmittag arbeiten, ich habe also ausreichend Zeit für ein ausgedehntes Frühstück – allein und in Ruhe. Und vor allem die richtige Muße, mich ernsthaft zu fragen, was das Leben eigentlich besonders macht? Kann man das überhaupt klar definieren? Ist es nicht eine rein subjektive Sache? Daher kann ich hier nur für mich sprechen. Aber schließlich geht es ja um mich. Mit Sicherheit ist es nicht, im Lotto zu gewinnen oder eine Luxusvilla zu besitzen. Na ja, schlecht wäre es natürlich nicht. Ich würde nicht nein sagen. Trotzdem gibt es wahrscheinlich genügend unglückliche Millionäre auf der Welt, genau wie Stefan gesagt hat. Im Übrigen ist Geld kein Garantieschein für Gesundheit. Okay, es ist hilfreich zum Vorbeugen, für einen gesunden Lebensstil, für hochwertige Lebensmittel und andere Produkte oder für kostspielige, alternative Behandlungsmethoden, wenn eine Krankheit bereits eingetroffen ist. Auf alle Fälle beruhigt und entspannt es, genug Geld zu haben. So viel zumindest, dass man gut leben und hin und wieder ein bisschen Luxus genießen kann. Es wäre gelogen, würde ich etwas anderes behaupten.

Nein, aber ein Maßstab für echtes Glück ist Geld nicht. Definitiv nicht. Es ist viel mehr wertvolle Zeit mit der Familie, mit guten Freunden, der Geruch nach Frühling, nach einem langen, dunklen und kalten Winter, der Duft von frisch gebackenem Brot, die Freude, wenn bei der Bescherung die Lichterkette am Christbaum das erste Mal leuchtet. Dann leuchten nicht nur Kinderaugen. Auch wir Erwachsene werden wieder ein klein bisschen Kind. Ich zumindest. Ach, ich freue mich jetzt schon auf die Weihnachtszeit, insbesondere auf den Heiligen Abend.

Ja, es sind genau diese Dinge, diese Momente, die das Leben lebenswert machen. Ich möchte mich wieder daran erinnern, sie nicht als selbstverständlich oder gar unwichtig ansehen. Auf keinen Fall will ich abgestumpft sein wie jene Menschen, die nur schwarzsehen oder auf Autopilot durch ihr Leben laufen. Niemals möchte ich so werden. Schließlich geht es darum, sein Leben zu erleben und nicht zu überleben. Das ist bisher noch keinem gelungen.

Darum werde ich meinem Glück ein wenig auf die Sprünge helfen und jetzt sofort in die Stadt fahren, um vor der Arbeit etwas Wichtiges zu erledigen. Das wunderbare Schreibwarengeschäft erscheint vor meinen Augen; dieser kleine Laden, der kürzlich in der Nähe des Bahnhofs eröffnet hat. Nicht nur einmal habe ich einen sehnsüchtigen Blick in das liebevoll dekorierte Schaufenster geworfen. Alles, was mit Büchern und Schreibwaren zu tun hat, zieht mich magisch an. Ich liebe lange Spaziergänge durch Buchhandlungen und bin stets versucht, Unmengen an Geld auszugeben. Mir schwebt bereits ein spezielles Exemplar vor: *»Das kleine Heft zum Aufschreiben großer Gefühle«*. Es passt perfekt für meine Zwecke. Dieses Büchlein soll etwas ganz Besonderes werden – mein persönlicher Begleiter in Sachen Glück und Dankbarkeit. Vielleicht hat der Laden sogar Glücksgläser im Sortiment? Eines, das nicht nach »Saure-Gurken-Glas« aussieht. Ich muss endlich ins Tun kommen. Schnell schreibe ich eine Nachricht an Lukas und Flo, in der ich genaue Anweisungen gebe, was das Aufwärmen des Mittagessens betrifft. Dann mach ich mich endlich auf den Weg, auf die Suche nach .... Nein, nicht auf die Suche. Wie war Stefans Wortlaut? Begib dich auf die Spuren des Glücks, denn die Suche danach kann sich mitunter zu einer unendlichen gestalten.

VON NEUGIERIGEN NACHBARN UND MATHE-AUFGABEN

Mein Blick hängt am strahlend blauen Himmel. Endlich ist es richtig warm geworden. Der Sommer hat dieses Jahr auf sich warten lassen. Nur ein paar einzelne Wolkenfelder sind zu sehen. Eine Wolke hat ein wenig Ähnlichkeit mit einem Pudel. Nein ... eher mit einem riesengroßen Karfiol. Ich kann mich wieder einmal nicht entscheiden, als ich in meiner Hängematte liegend die weißen Wölkchen beobachte. Herrlich! So lässt es sich leben. Diese Hausaufgaben sind mir die Allerliebsten. Das habe ich mir auch redlich verdient, nach den anspruchsvollen und herausfordernden letzten Sitzungen.

Für Marie.
Ich wünsche dir viel Erfolg mit den folgenden Aufgaben für diese Woche.

Wähle einen Tag, an dem du nur das Notwendigste

erledigst. Den Rest des Tages darfst du faul in der Hängematte liegen und dein Leben genießen. Schau in die Wolken und spiele mit deiner Fantasie. Dieses Spiel kennst du mit Sicherheit aus deiner Kindheit. Strecke alle Viere von dir, ohne schlechtes Gewissen. Nimm dir ein Beispiel an deinem Kater Garfield und genieße das süße Nichtstun.

Achte darauf, sowohl deinem Mann als auch deinen Kindern deine uneingeschränkte Aufmerksamkeit zu schenken, sowohl in Gesprächen als auch in anderen Tätigkeiten.

Bis zum nächsten Mal.
Dein Stefan Müller

Es gestaltete sich als willkommene Belohnung und als wahrer Genuss, den das rosa Kuvert dieses Mal bereithielt, zumindest, was den ersten Teil betrifft. Der zweite Teil wird etwas schwieriger werden. Doch jetzt genieße ich erst mal meine erste Hausaufgabe. Ich rekle mich also genau wie von Stefan befohlen, genüsslich in meiner Hängematte und richte meinen Blick ein letztes Mal forschend nach oben. Schließlich entscheide ich mich für den Pudel. Karfiol mochte ich noch nie. Dem liegt ein kleines Kindheitstrauma zugrunde. Panierter Karfiol mit Knackwurst oder Leberkäse – das Lieblingsessen meiner Eltern. Mindestens einmal pro Woche stand diese Kombination auf dem Speiseplan. Meine Eltern liebten sie, ich hasste diese Speise und aß sie trotzdem.

Zufrieden mit meiner Pudel-Entscheidung nehme ich aus dem Augenwinkel plötzlich eine kleine Bewegung wahr.

»Na Marie, heute gar nicht fleißig, nix zu tun?«

Die Meier Vroni, meine Nachbarin. Die hat mir gefehlt wie die Faust aufs Auge! Sie taucht immer zu den unmöglichsten Zeiten auf. Neugierig steckt sie ihre vorwitzige Nase über die ordentlich getrimmte Hecke. Mein erster Impuls ist: *Verstecken* oder *Ignorieren*. Beides ist leider nicht möglich und wäre ohnehin zwecklos. Vroni ist äußerst hartnäckig. Der zweite Impuls: Aufspringen und eine plausible Ausrede für meine dekadente Faulheit erfinden. Bereits am Sprung fällt mir gerade noch rechtzeitig Susis Geschwafel von wegen Angepasstheit und Nachbarn ein. Ich will ihr und vor allem mir das Gegenteil beweisen und lasse mich relaxt in meine Hängematte zurücksinken. Dabei lächle ich die Vroni strahlend an und antworte selbstbewusst: »Nein, heute liege ich mal guten Gewissens auf der faulen Haut und genieße die herrliche Ruhe. Die habe ich mir redlich verdient.«

Das mit der Ruhe kann ich mir nicht verkneifen.

»Der Haushalt läuft mir schließlich nicht davon«, behaupte ich.

Ungläubig schaut mich die Vroni an, als wäre es ein kleines Verbrechen, an einem Werktag das süße Nichtstun zu genießen.

»An einem Werktag?«, höre ich auch schon Verwunderung aus ihrer Stimme heraus. »Da gehts dir Gott sei Dank besser als mir«. In ihrem üblichen Jammerton klagt sie mir ihr Leid.

»Meine Wäsche kann leider nicht so lange warten, und nachher kommen noch meine Enkel zum Essen.«

Ich verstehe zwar nicht genau, warum ihre Wäsche nicht warten kann, behalte jedoch meine Meinung für mich. Diese Diskussion erspare ich mir.

»Das ist doch schön, wenn die Enkel zu Besuch kommen«, wage ich stattdessen zu erwidern. Wenn sie sich eine Zeit lang nicht blicken lassen, passt es ihr auch nicht. Dann jammert sie mir immer die Ohren voll, dass keiner nach ihr schaut und betont leidend, dass alt zu werden kein Honiglecken sei. Es ist nicht einfach, der Vroni etwas recht zu machen. Als ich demonstrativ meine Augen schließe, zieht sie mit einem leisen Schnauben ihre neugierige Nase wieder zurück auf ihr eigenes Grundstück und – ich kann es kaum glauben – startet kurz darauf ihren Rasenmäher, dieses alte laute Ding. Das mit der Ruhe kam bei meiner lieben Nachbarin wohl nicht richtig an.

Genervt stecke ich meine Ohrstöpsel in beide Ohren und schließe ergeben meine Augen. Der Pudel am Himmel hat sich ohnehin verzogen.

Die Stimme aus den Ohrstöpseln befiehlt mir, meinen Flugmodus einzuschalten und mich fallen zu lassen. Ich gehorche brav, lasse mich also fallen und versuche, das aufdringliche Geräusch des Rasenmähers zu ignorieren. Kurz öffne ich noch einmal die Augen und sehe, wie die Vroni ein letztes Mal vorsichtig über die Hecke lugt und dabei ungläubig ihren Kopf schüttelt. Ein verstohlenes Lächeln zuckt um meine Mundwinkel. Ich komme nicht umhin, mich über meine neue selbstbewusste Haltung zu freuen und mir in Gedanken stolz auf die eigene Schulter zu klopfen. Schön langsam trägt meine Arbeit Früchte oder wie Stefan und Jonny es ausdrücken würden: Die Saat geht auf, zumindest ein Teil davon. Der Ackerboden ist jedenfalls bestellt und weitere Setzlinge spitzeln bereits zaghaft aus der Erde hervor. Nun geht es darum, gut für sie zu sorgen, sie zu düngen und zu gießen.

Ach, das Leben ist so viel einfacher, wenn man aufhört, sich zu rechtfertigen und einfach das tut, was einen glücklich macht. Nicht wahr, Garfield? Da kennst du dich bestens aus. Ab sofort bist du mein Vorbild in diesen Dingen. Der Kater liegt auf der warmen Holzterrasse und schaut mich leicht dümmlich an, nachdem ich meine Worte laut ausgesprochen habe.

***

Flo und ich sitzen am Küchentisch und brüten über seinen Mathe-Hausaufgaben. Genauer gesagt, er brütet und ich hänge meinen Gedanken nach. Dabei habe ich mich bereit erklärt, meinem Sohnemann bei seinen Aufgaben zu helfen. Und nun bin ich mit meinen Gedanken meilenweit weg. Unzählige tummeln sich wieder einmal in meinem Kopf – wie ein Schwarm Fische, und sie haben rein gar nichts mit der Geraden in Flos Heft zu tun. Statt auf der Geraden g schwebe ich auf Wolke Sieben.

Zwischendurch werfe ich immer wieder einen Blick auf mein Handy. Pling! Eine neue Nachricht auf Facebook. Meine Nachbarin Gabi postet einen ihrer weisen Sprüche, mit denen sie tagtäglich das Netz überschwemmt. Trotzdem lese ich sie immer wieder und ärgere mich anschließend über mich selbst. Wo findet man bloß all diese Sprüche? Alle posten immer noch klügere Weisheiten und Ratschläge. Glauben die Leute tatsächlich alles, was sie auf Social-Media lesen und selbst verzapfen. Und was mich brennend interessieren würde: Leben sie danach? Oder ist das meiste nur heiße Luft, die im Nichts des Alltags verpufft? Falls nicht, gäbe es wohl unzählige weise Menschen auf unserer Erde. Und danach sieht es nun nicht gerade aus.

»Mensch Mama, du hörst mir gar nicht zu, ich habe dich was gefragt!«, beschwert sich Flo und rauft sich aufgrund einer besonders schwierigen Aufgabe die Haare. Ich stehe kurz davor, seine Behauptung mit Vehemenz abzustreiten, halte mich gerade rechtzeitig zurück. Denn wo er recht hat, hat er recht mein Sohnemann. Ich muss gestehen, ich bin nicht bei der Sache, so wird das heute nichts mehr. Noch dazu habe ich ein schlechtes Gewissen, da ich mich ertappt fühle, aber so was von. »*Wasser predigen und Wein saufen.*« Dieses Sprichwort fällt mir gerade ein. Es passt zu mir wie die Faust aufs Auge, schlürfe ich zu gern aus diesem (Wein-)Kelch. Wer schimpft denn regelmäßig, wenn Flo oder Lukas mehrere Dinge gleichzeitig tun, sich nie auf eine Sache konzentrieren können? Wenn sie während des Essens aufs Handy glotzen oder der Fernseher ständig läuft, obwohl sie anderweitig beschäftigt sind. Stefan hat mir wärmstens empfohlen, unbedingt aus dieser gefährlichen Multitasking-Falle auszusteigen. Achtsamkeit ist angesagt, mehr denn je. Genau darum geht es ja bei meiner zweiten Hausaufgabe für diese Woche. Nein, man kann wahrhaftig nicht jammern über die Jugend von heute. Wenn da einer sagt, die hängen ständig nur am Handy, dann frage ich mich: Wer tut das heutzutage von den Erwachsenen nicht? Ich kenne Menschen, die schaffen es nicht, ohne ihr Smartphone aufs Klo zu gehen, und diese Menschen leben gar nicht weit entfernt von mir.

Konzentrier dich, Marie, ermahne ich mich mit erhobenem Zeigefinger. *Punkt S auf der geraden g, wie war das noch mal?* Puh, das ist so lange her. Nicht, dass es mich damals zu meiner Schulzeit interessiert hätte. Ganz ehrlich, wen interessiert das denn? Keinen Menschen, außer er will Mathematikprofessor werden. Mir wäre mehr geholfen, sie würden gesunden Menschenverstand, Ordnungssinn und soziales Verhalten lernen. Leider habe ich keinen Einfluss auf den Lehrplan meiner Kinder. Warum muss dieser überehrgeizige Mathelehrer überhaupt kurz vor den Sommerferien Hausaufgaben verteilen? Nicht zu verstehen.

»Ich kapier das nicht«, gebe ich schließlich genervt zu. »Vielleicht wäre es doch besser, du fragst Papa. Der ist viel besser in Mathe als ich.«

Flo ist verärgert.

»Das ist ungerecht, du hast es mir versprochen, Mama. Du hast noch gar nicht richtig geschaut!«

Das stimmt.

»Außerdem kommt Papa erst am Abend, und ich muss bald zum Fußballtraining. Hast du das auch vergessen?«

Ach ja, heute ist Mittwoch. Ich muss zugeben, das hätte ich beinahe verschwitzt. Entschlossen lege ich mein Handy zur Seite und widme mich mit meiner ganzen Aufmerksamkeit dem Matheheft.

Ich strenge sämtliche Gehirnzellen an und bin voll bei der Sache. Nach einer Weile haben wir die knifflige Aufgabe gemeinsam gelöst – im Teamwork. Ich bin richtig stolz auf mich, auf uns. Voll in Fahrt nutzen wir die Energie der Stunde und lösen zwei Aufgaben, die erst nächste Woche dran wären. Damit haben wir nicht nur

Flos Hausaufgaben erledigt, sogar meine eigenen wären damit abgehakt. Ich bin begeistert. Die Energie folgt tatsächlich der Aufmerksamkeit, ein beliebtes Credo von Frau Dr. Schreyer. Obwohl er bereits ziemlich abgedroschen ist, war es der einzig wichtige Satz, den ich aus der teuren Sitzung mitnehmen durfte. Und ich finde immer mehr Gefallen daran. Nein, halt! Das stimmt so nicht. Die prickelnde Champagnergeschichte hätte ich beinahe vergessen. Wenn ich an die Kneipen-Tour vor einigen Wochen zurückdenke, zaubert diese Erinnerung augenblicklich ein Lächeln auf mein Gesicht. Was war das für eine unbeschwerte Nacht.

VON LIEBESBRIEFEN UND BÖSEN HUNDEN

Heute hätte ich beinahe verschlafen, was äußerst ungewöhnlich ist. Normalerweise bin ich ein früher Vogel, der keinen Wecker braucht. Doch ich war in einem völlig absurden Traum gefangen, der mich gefühlt die halbe Nacht hindurch beschäftigte und gehörig auf Trab hielt. Jedenfalls hat er mir meine heilige Nachtruhe geraubt. Vollkommen erschöpft wachte ich um halb sieben Uhr morgens auf. Gott sei Dank haben die Kinder Ferien und Sebi und ich müssen nicht so früh raus. In meinem Traum irrte ich allein und orientierungslos auf einem großen einsamen Feld umher. Ein Helikopter kreiste unaufhaltsam über mir, er flog abwechselnd hoch und tief. Einmal schwebte er so knapp über mir, dass ich mich vor Angst auf den Boden warf. Dabei drehte ich meinen Kopf Richtung Himmel und konnte den Piloten erkennen. Es war Jonny, der Achtsamkeitslehrer aus dem *Waldfrieden*. Seine Dreadlocks wirbelten wild durch die Luft und hüpften auf und nieder wie Tentakel eines Oktopusses. Er rief mir aus offenem Fenster zu: »Atme Marie, atme!

Vergiss nicht, das Leben ist ein Geschenk. Nimm es an und pack es endlich aus. Gib es nicht zurück. Du hast es verdient, glücklich zu sein.«

Nach diesen Worten zog er den Vogel wieder hoch hinauf in den Himmel, drehte ab und verschwand. Ich war noch damit beschäftigt, ihm erstaunt hinterherzublicken, als mich plötzlich jemand grob am Arm packte und hochzog. Es war Stefan, mein Coach.

»Komm Marie, beeil dich! Deine Domina wartet. Sie hat endlich einen passenden Liebhaber für dich gefunden«, schrie er aufgeregt. »Sei mutig. Du musst endlich raus aus dem Aquarium und in den weiten Ozean hinausschwimmen. Den Mutigen gehört die Welt. Hol dir ein Stück davon, erobere sie!«

Ich gehorchte brav und schwamm immer weiter und weiter auf das offene Meer hinaus. Vor mir lag der unendliche Horizont. Langsam ließen mich meine Kräfte im Stich. Mir war kalt und ich bekam fürchterliche Angst. Nirgendwo war Land in Sicht, soweit ich blicken konnte. Allein und verlassen schrie ich verzweifelt nach Hilfe. Immer wieder, bis meine Stimme nur noch ein heiseres Flüstern war. Plötzlich wachte ich von meinen eigenen Schreien auf und schnappte gierig nach Luft. Ich war knapp vor dem Ertrinken gewesen. Panisch schaute ich mich um. War ich gerettet worden? Wieder an Land? Es hatte sich alles so echt angefühlt. Mein erstaunter und zugleich erleichterter Blick fiel auf Sebastian, der in unserem Ehebett aufgerichtet neben mir saß und mich aus großen Augen erschrocken ansah.

»Was war das denn gerade? Bist du verfolgt worden? Von einem Hund?«

Sebastian träumt häufig von bösen Hunden, die ihn verfolgen. Als kleines Kind ist er von einem Schäferhund gebissen worden. Seitdem hat er fürchterliche Angst vor Hunden, was ich natürlich verstehen kann. Das war mit ein Grund, warum wir uns vor zehn Jahren für einen Kater entschieden haben. Auf alle Fälle war ich extrem froh, in meinem warmen Bett zu liegen, anstatt hilflos auf dem Ozean zu treiben. Mit einem Seufzer kuschelte ich mich noch für ein paar Minuten an meinen Mann und genoss das Gefühl der Geborgenheit.

***

Grübel, grübel am Küchentisch. Das wird langsam zur Gewohnheit. Nun gut, Rituale sollen ja sehr wichtig sein, bekomme ich schließlich von meinem Coach immer wieder zu hören.

Folgende Frage beschäftigt mich: Was will mir dieser Traum sagen? Ich denke angestrengt nach. Hatte ich nicht irgendwann einmal ein Buch über Traumdeutung? Nach ein paar Minuten vergeblichen Stöberns in den Bücherregalen gebe ich auf. Wahrscheinlich habe ich es jemanden ausgeliehen. Oder aber Sebi hat es auf dem Flohmarkt verscherbelt. Egal, dann muss eben meine eigene Interpretation des verwirrenden Traumes herhalten. Welche Lehren kann ich daraus ziehen? Oder ist dieses nächtliche Tohuwabohu nur das Resultat der unglaublichen Geschehnisse, die in den letzten Monaten über mich hereingebrochen sind? Was absolut kein Wunder wäre.

Eins nach dem anderen, überlege ich analytisch. Den Liebhaber kann Frau Schreyer gerne behalten. In dieser

Sache muss ich nicht lange überlegen. Eine Affäre ist absolut das Letzte, was ich in meinem Leben gebrauchen kann. In meiner derzeitigen Gemütsverfassung hätte ein Gigolo ohnehin keine allzu große Freude an mir. Ich wäre nicht bei der Sache, bei den vielen Gedanken, die mir im Kopf herumschwirren. Auch ohne Liebhaber geht es so turbulent zu wie noch nie zuvor, nicht einmal damals, als die Kinder klein waren.

Weiter. Jonny befahl mir zu atmen. Atmen kann ich, und zwar um einiges besser seit dem Achtsamkeitswochenende. Da ist echt was dran – an diesem mächtigen Werkzeug, wie Jonny es so gerne genannt hat. Manchmal ertappe ich mich dabei, dass ich wieder zu flach atme, insbesondere, wenn ich gestresst bin oder mich ärgere. Aber ich bemerke es meistens recht schnell und das ist immerhin ein großer Fortschritt. Wahrscheinlich sollte es ein gut gemeinter Ratschlag sein, am Ball zu bleiben. Also, das wäre ebenfalls geklärt und kann abgehakt werden. Ich bin hocherfreut über meine Effizienz.

»Sei mutig und schwimm«, hatte mich Stefan im Traum energisch aufgefordert. Ein paar Schwimmstunden hätte ich tatsächlich nötig. Ich bin eine einfache Brustschwimmerin und mir ist bewusst, dass mich mein Schwimmstil à la Schildkröte nicht wirklich voranbringt. Um zügiger voranzukommen und vor allem Ausdauer zu beweisen, wäre wohl Kraulen angesagt. Das ließe sich eventuell bewerkstelligen. Obwohl, ich hasse es unter Wasser zu tauchen und kraulen habe ich nie gelernt. Was Jonnys Gerede über das Aquarium bedeuten soll, ist mir allerdings schleierhaft. Das bleibt ein ungelöstes Rätsel. Vielleicht klärt es sich irgendwann auf. Und was den klugen Spruch

»den Mutigen gehört die Welt« betrifft, bin ich folgender Ansicht: Die ganze Welt muss es nicht sein, aber ein gutes Stück größer, bunter, lebendiger und aufregender darf sie schon werden, meine heimelige kleine Welt. Da hätte ich nichts dagegen. Genau aus diesem Grund nehme ich diese ganzen Strapazen in Kauf.

Nun zum Geschenk. Dass das Leben ein Geschenk ist, und zwar ein einmaliges, diese Tatsache wird mir immer mehr und mehr bewusst. Ist es nicht so, dass wir das Leben stattdessen manchmal als Bürde ansehen? Als Qual, als Anstrengung, als etwas, das es abzuarbeiten gilt. Zu überleben. Warum ist das so?

Stefan meinte dazu in einer unserer Sitzungen: »Marie, es ist ganz normal, hin und wieder schwierige Zeiten zu erleben. Es gibt niemanden, der nicht ab und zu strauchelt. Kein Mensch kann das Leben zu hundert Prozent kontrollieren oder Krisen und Unglück zur Gänze verhindern. Auf manche Geschehnisse haben wir leider keinen Einfluss und auch nicht die Möglichkeit, etwas daran zu ändern. Wir haben vieles selbst in der Hand, aber eben nicht alles. Deine eigene Haltung jedoch, die kannst du beeinflussen, an der kannst du arbeiten. Stell dir dabei folgende Fragen: Was kann ich tun? Wie kann es mir besser gehen? Kann ich aus der Krise etwas lernen? Vielleicht, indem ich mein Leben selbst in die Hand nehme, Verantwortung übernehme, anstatt anderen die Schuld in die Schuhe zu schieben. Erfahrungsgemäß bringt das nämlich nicht viel. Das ist das Leben, Marie. Laut vielen Coaches und Ratgebern entsteht der Eindruck, wir müssten uns allzeit gut fühlen und nur positiv denken. Ich denke, wir sollten unangenehme Emotionen nicht immer sofort behandeln oder wegdrücken. Der Anspruch, dass es uns permanent gut gehen müsse, ist eindeutig zu hoch angesetzt. Das ist nicht möglich, und das muss es gar nicht. Es bringt nichts, mit der rosaroten Brille durchs Leben zu laufen und immer und überall nur das Gute und Positive zu sehen. Im Fachjargon nennt man dieses Verhalten toxische Positivität. Manchmal darf man wütend oder traurig sein. Das ist legitim. Dafür braucht man sich nicht zu rechtfertigen oder gar zu schämen. Im Gegenteil, es ist ein Zeichen von Stärke. Und es gehört zum Menschsein dazu, schwierige Phasen im Leben durchzumachen und hin und wieder Leid und Schmerz zu fühlen, nicht bloß Freude und Glück. Beides gehört zum Leben dazu. Im schlimmsten Fall kann einem eine Krise auch mal den Boden unter den Füßen wegziehen. Wie man damit umzugehen versteht, ist unterschiedlich. Es gibt Menschen, die sind von Natur aus besser gerüstet und widerstandsfähiger. Wenn du lernst, gut auf dich zu schauen, dann wächst deine Widerstandskraft, und du bist gefestigter, wenn schwierige Zeiten eintreten. Dann haut dich nichts so schnell um.

Mit seinen Worten hat Stefan mir sehr viel Druck genommen. Denn es bedeutet, dass ich alle Gefühle in mir ernst nehmen darf, egal ob Freude, Angst, Trauer, Wut, ja sogar Neid. Nicht immer verläuft das Leben so, wie man es gerne hätte. Manchmal geschehen Dinge, die unglaublich traurig sind oder die man nicht verstehen kann. Ereignisse, in denen man keinen Sinn erkennt.

Gestern war genau so ein Tag. Am Nachmittag waren Sebi und ich auf der Beerdigung seines Cousins. Martin hat sich mit Mitte fünfzig das Leben genommen. Wir alle waren geschockt, nicht zuletzt, weil es im Vorfeld absolut keine Anzeichen gegeben hatte. Zumindest keine offensichtlichen. Wer kann schon in einen Menschen hineinsehen? Viel Kontakt hatten wir nicht, trafen uns jedoch regelmäßig auf Familienfeiern. Sebis Cousin war ein Lebemann, eine Frohnatur. Er war geschieden und Papa einer erwachsenen Tochter. Martin war immer gut drauf, und er hatte zahlreiche Freunde, mit denen er viel und gerne unterwegs gewesen war. Auch keiner dieser Freunde konnte seine Verzweiflungstat – und das muss es gewesen sein – verstehen. Beim Trauergottesdienst musste ich weinen. Die Musik und die Rede des jungen Pfarrers haben mich sehr berührt. Er predigte darüber, das Leben zu feiern, es als Geschenk anzusehen, es nicht wegzuwerfen. Obwohl uns manchmal Dinge traurig, skeptisch oder wütend stimmen, haben wir trotz allem nicht das Recht, sie zu be- oder zu verurteilen. Das dürfen wir uns nicht anmaßen, da wir selten die Hintergründe kennen. Und selbst wenn, steht es uns nicht zu. Aber solch ergreifende Momente wie gestern erinnern mich wieder verstärkt daran, wie schön und unglaublich wertvoll das Leben ist. Es ist ein Geschenk, und zwar ein einmaliges. Sie erinnern mich daran, wie wichtig es ist, sich diese unbändige Lust aufs Leben zu bewahren, wie einen Schatz. Auch dann, wenn uns hin und wieder Steine in den Weg gelegt werden und wir vom Leben herausgefordert werden. Jeden Tag sterben unzählige Menschen; an die Hunderttausend habe ich einmal gelesen. Sie können nie mehr den unvergleichlichen Duft des aufgebrühten Kaffees am Morgen riechen, nie mehr ein Buch lesen, nie mehr

Weihnachten feiern oder ihre Kinder und den Partner in den Arm nehmen. Ich habe die Möglichkeit, all diese Dinge und noch vieles mehr zu erleben. Ich darf jeden neuen Tag in meinem Leben genießen.

Ich sage JA zu mir und ich sage JA zu meinem Leben.

Diese Affirmation habe ich heute groß und fett in mein Notizbuch geschrieben. Inzwischen bin ich ein wahrer Fan von Affirmationen geworden. Ich kann mich immer mehr mit diesen positiven Formulierungen anfreunden. Und das Beste daran war, dass sich der Satz absolut stimmig angefühlt hat. Ich war geradezu begeistert. Ich glaube, das eigene Leben wertzuschätzen und es als Geschenk anzusehen ist ein wahrer Akt der Selbstliebe. Daher beschließe ich, heute Abend endlich den Liebesbrief an mich und mein Leben zu schreiben. Lange Zeit habe ich ihn vor mir hergeschoben, weil mir Stefans Idee als verrückt erschien. Zunächst konnte ich mir absolut nichts darunter vorstellen. Bei jener Sitzung, in der es um Selbstfürsorge und Selbstliebe ging, gab er mir folgenden Rat:

»Nimm dir ein Blatt Papier, liebe Marie, aber nicht bloß einfaches Kopierpapier. Der Brief an dein Leben hat etwas Schöneres, Wertvolleres verdient. Schnapp dir deinen Lieblingsstift, einen, der gut in der Hand liegt und zieh dich an einen für dein Vorhaben stimmigen Ort zurück. Vor allem braucht es den passenden Zeitpunkt, du musst die richtige Stimmung und Muße dafür haben. Wenn es dir hilft, sammle zunächst bedeutsame Momente in deinem Leben: glückliche, erfüllte, auch schmerzliche und traurige. Diese kannst du gerne auf einer Zeitskala notieren. Das kann dir auch dabei helfen, wichtige Stationen deines Lebens zu erkennen, dich besser daran zu erinnern. Wenn du bereit bist, beginne den Brief mit einer liebevollen Anrede. Du sollst deine Zeilen nicht tippen, Handgeschriebenes ist viel persönlicher. Darüber hinaus regt es deine Kreativität an, die Schöpferkraft, die in dir wohnt. Ich weiß, heutzutage ist man schon fast ein Alien, wenn man handgeschriebene Briefe verfasst. Wie sagte bereits Göthe: Briefe gehören zu den wichtigsten Denkmälern, die der Mensch hinterlassen kann. Setze dir also selbst ein Denkmal. Betrachte diesen Brief als eine Art Selbstgespräch. Was wolltest du dir schon immer mal sagen? Was wünschst du dir für dich selbst, nur für dich, nicht für deine Familie? Was gefällt dir an dir, was findest du toll? Sind es deine Augen, dein Haar, deine Herzlichkeit, deine feinfühlige Art, deine Fürsorge? Ich bin überzeugt, es gibt viele Dinge, denn du bist eine ganz wunderbare Frau. Du musst sie nur sehen. Wenn du sie alle niederschreibst, fällt es dir leichter, sie anzunehmen. Dich besser anzunehmen. Du darfst dich in diesem Brief ohne schlechtes Gewissen einmal von Herzen loben, für alles, was du in deinem Leben bisher geschafft hast. Tobe dich aus, lasse nichts ungeschrieben, je mehr, desto besser. Das hat absolut nichts mit Überheblichkeit oder Selbstverliebtheit zu tun – im Gegenteil, auf diese Weise würdigst du dein Leben, denn es ist einzigartig und wertvoll.

Wenn du dir alles von der Seele geschrieben hast, finde eine schöne Verabschiedung, die deine tiefe Verbundenheit zum Ausdruck bringt.

Danach liest du deinen Liebesbrief noch einmal aufmerksam durch. Anschließend steckst du ihn in ein Kuvert. Du kannst dieses entweder frankieren und an dich selbst schicken lassen, oder du bewahrst es gut auf und öffnest es an deinem nächsten Geburtstag. Glaube mir, das ist eines der schönsten Geburtstagsgeschenke, die du in deinem Leben erhalten wirst. Menschen schreiben in Dankbarkeits- oder Glückstagebücher, und das finde ich, wie du bereits weißt, ganz wunderbar. Doch das Beste von allem, ja ich würde sogar behaupten, die absolute Königsklasse ist das Verfassen eines Liebesbriefs an sich selbst, an das eigene Leben.

Oh, mein Gott, dachte ich damals. *Ein Liebesbrief an mich selbst?* Das kam mir reichlich seltsam vor.

***

Die Sache mit diesem Liebesbrief hat sich während des heutigen Tages immer wieder in meinen Kopf geschlichen und dort eingenistet. Ich habe das untrügliche Gefühl, dass jetzt der richtige Zeitpunkt gekommen ist. Plötzlich kann ich es kaum mehr erwarten, mit dem Brief zu beginnen. Daher verschwinde ich nach dem Abendessen in unserem kleinen Büro und beginne zu schreiben – auf dem Blatt Papier, das ich mir neulich in weiser Voraussicht im Schreibwarengeschäft gekauft habe. Zusätzlich habe ich mir eine edle Füllfeder gegönnt. Seit meiner Schulzeit hatte ich keine Feder mehr in der Hand, aber es fühlt sich richtig gut an. Mit dem neuen Schreibwerkzeug ausgestattet, schreibt es sich gleich viel schwungvoller und flüssiger. Beinahe fühle ich mich wie eine Schriftstellerin oder eine Literatin aus dem letzten Jahrhundert.

Ich bin gerade so richtig in Fahrt, als Sebi den Kopf zur Tür hereinsteckt. Er kommt näher und erhascht einen

Blick auf mein Blatt. Neugierig fragt er, was ich denn schreiben würde. Ich habe keine Lust, mein Vorhaben zu erklären und zucke nur geheimnisvoll mit den Schultern. Alles muss er nicht wissen, mein lieber Ehemann. Manche Geheimnisse behalten wir Frauen lieber für uns, insbesondere jene, denen Männer nicht viel abgewinnen können. Sebi ist ein wenig beleidigt und verlässt das Büro.

Die Unterbrechung hat mich aus dem Konzept gebracht. Immer und überall werde ich bei meinen Hausaufgaben gestört, egal, wohin ich mich zurückziehe. Auch bei den Entspannungsmeditationen, die ich vor Kurzem begonnen habe zu machen, werde ich ständig unterbrochen. Ich finde einfach keine Ruhe. Das geht so nicht weiter. Ich brauche dringend einen Raum, nur für mich. Ich überlege hin und her, komme einfach zu keiner befriedigenden Lösung. Das Büro ist zu winzig, das Schlafzimmer zu kalt. Es wäre ohnehin nicht die passende Umgebung für meine Zwecke. Es scheint schier unmöglich, in diesem Haus ein ruhiges Plätzchen zu finden. Ich frage mich, wofür wir ein so großes Haus gebaut haben. Wie könnte ich Sebi von der Notwendigkeit eines eigenen Raumes überzeugen? Das wird nicht einfach werden. Mit Sicherheit wird er mir das Zimmer der Mädels vorschlagen. Er würde behaupten, sie wären eh selten zu Hause. Die Zwillinge haben seit jeher ein Zimmer zu zweit. Es ist mir schleierhaft, wie sie das in ihrer Teenagerzeit, als in unserem Haus die Verehrer ein und aus gingen, bewerkstelligt haben. Wir waren natürlich erleichtert, da wir nur drei Kinderzimmer geplant hatten. Wer rechnet denn mit Zwillingen? Sebastians Vorschlag würde natürlich naheliegen. Das Problem dabei wäre: Ich hätte nicht die leiseste Chance, mich in dieser Atmosphäre zu entspannen. Das Zimmer ist vollgestopft bis obenhin. Ich wüsste nicht, wohin mit dem ganzen Krempel. Tja, es sieht ganz so aus, als fände ich in unserem Haus tatsächlich keinen geeigneten Rückzugsort.

Ein resigniertes Seufzen entkommt mir. Jetzt ist es endgültig vorbei mit der richtigen Schreibstimmung für diesen wichtigen Brief. Verärgert zerknülle ich das Blatt und werfe es in den Papierkorb. Ich lasse mich viel zu schnell ablenken. Ich schließe meine Augen, lege die Hand aufs Herz, atme ein paar Mal tief ein und aus und starte einen nächsten Versuch.

SEBASTIAN

DIE LAGE SPITZT SICH ZU

Hab ich‘s nicht gewusst? Dem Kerl ist nicht über den Weg zu trauen. So richtig stolz kann ich trotzdem nicht sein auf mein Bauchgefühl. Dieses Mal hätte ich lieber unrecht gehabt.

Vorgestern haben die Kollegen vorgeschlagen, nach Feierabend ein Bier am Stadtplatz zu trinken. Auf dem Weg dorthin kamen wir an der neuen Weinbar vorbei. Und wen sehe ich dort am Fenster in trauter Zweisamkeit sitzen? Meine Marie und diesen Stefan – bei einem heimlichen Rendezvous! Sie unterhielten sich bestens, lachten und prosteten sich zu. So gut gelaunt war sie in meiner Anwesenheit schon lange nicht mehr. Mir hat sie erzählt, sie würde sich mit Petra treffen. Ich kann nicht glauben, dass sie mich so hintergeht. Eilig habe ich meine Kollegen vorbei gelotst. Die anderen mussten nicht auch Zeugen dieses romantischen Stelldicheins werden. Es reichte, wenn ich mir vorkam wie der letzte Depp.

Als wäre das nicht genug, haben wir diesen Müller gestern sogar beim Einkaufen in der Fußgängerzone getroffen. Der hat mir gerade gefehlt. Seit dem Vorfall am vergangenen Abend war ich ohnehin nicht bester Laune. Hat er doch glatt die Dreistigkeit besessen und Marie gefragt, ob sie gestern einen schönen Abend hatte. Dabei zwinkerte er ihr zu und grinste anzüglich. So ein falscher Fünfziger! Trotz meiner Vorsätze, mir nichts anmerken zu lassen, schaffte ich es nicht, gute Miene zum bösen Spiel zu machen. Ich zeigte mich nicht gerade von meiner besten Seite, und ich bin nicht stolz darauf.

Auf der Heimfahrt hat mir Marie einen langen Vortrag von wegen Unhöflichkeit und Fremdschämen gehalten. Womit sie natürlich recht hatte. Ich konnte nicht anders – dieser Kerl reizt mich einfach. Er zerrt meine schlechtesten Eigenschaften ans Licht. Die nackte Wahrheit ist, er bringt mich zur Weißglut. Ich habe Marie sogar in Verdacht, diesem Müller Liebesbriefe zu schreiben. Ich weiß, das klingt ein wenig an den Haaren herbeigezogen, aber vor ein paar Tagen habe ich sie im Büro ertappt, als sie einen Brief geschrieben hat. Mit der Hand. Seltsam, nicht wahr? Wer schreibt denn heutzutage noch auf diese Art Briefe? Höchstens jemand, der keine Spuren im Netz hinterlassen will. Oder jemand, der verliebt ist. Als ich sie erstaunt fragte, an wen sie denn schrieb, lächelte sie nur geheimnisvoll und zuckte mit den Schultern. Ich konnte ihr schlecht den Brief aus der Hand reißen. Knapp dran war ich ja, diese Blöße wollte ich mir dann doch nicht erlauben. In den vielen Jahren unserer Ehe war ich nie eifersüchtig gewesen. Das Gefühl kannte ich gar nicht – bis jetzt. Wahrscheinlich steigere ich mich einfach zu sehr in die ganze

Sache hinein. Es kann mir jedoch wirklich niemand verübeln, dass ich langsam, aber sicher misstrauisch werde. Diese nach außen hin, harmlosen Zufälle, treten in meinen Augen in letzter Zeit etwas zu gehäuft auf.

VON BARGEPLAUDER UND EIFERSÜCHTIGEN TANZBÄREN

Vor einigen Tagen machte ich Nägel mit Köpfen und nutzte die Gelegenheit, mich nach dem Abendtermin bei Stefan mit meiner Freundin Petra zu verabreden. Ich freute mich so sehr, dass wir es endlich geschafft hatten, ein Treffen zu vereinbaren. Es war längst überfällig gewesen. Seit einer Ewigkeit hatten wir uns nicht mehr gesehen. Die letzten Monate waren im Nu verflogen. Petra und ich haben immer unglaublich viel zu plaudern, und ich konnte es kaum erwarten, meine Freundin über die aufregenden Geschehnisse des vergangenen halben Jahres zu informieren. Früher hingen wir ständig zusammen herum. Als die Kinder jünger waren, trafen wir uns regelmäßig zum Kaffeeklatsch, um uns über unseren Nachwuchs auszutauschen.

Wir beschlossen, uns in der kürzlich eröffneten Weinbar zu treffen. Ich war bereits öfter daran vorbeigegangen, denn das Lokal liegt nur wenige Minuten von Stefans Praxis entfernt. Ich hatte einen beliebten Fensterplatz ergattert, und als ich einen Blick auf mein Handy warf, stellte ich fest, dass ich fast eine halbe Stunde zu früh dran war. Ich schickte Sebastian eine kurze Nachricht und nutzte die Wartezeit, mich im Lokal umzusehen. Die Einrichtung war sehr geschmackvoll. Sie gefiel mir, modern und dennoch gemütlich, mit dem Fußboden aus Eichenholz und den braunen Ledersesseln. Am besten gefielen mir die erhöhten Fensterplätze, an denen man die vorübereilenden Passanten beobachten konnte. *Ach, ist das schön hier*, dachte ich und atmete tief durch. Ich sog die Atmosphäre tief in mich auf, genoss den Trubel und die gute Laune um mich herum. In der Bar herrschte bereits ziemlicher Feierabendtrubel.

Als ich meine Blicke interessiert umherschweifen ließ, öffnete sich die Tür und ein neuer Gast kam herein. So ein Zufall! Es war Stefan Müller, der sich suchend nach einem freien Platz umsah. Als er mich erblickte, war er sichtlich überrascht, mich zu sehen.

»Servus Marie, du auch da! Eine schöne Bar, nicht wahr? Hätte ich Bescheid gewusst, dann hätten wir nach der Sitzung gemeinsam hierher gehen können«, meinte er und erkundigte sich, ob ich ohne Begleitung da sei. Ich erzählte ihm, dass ich auf meine Freundin wartete, jedoch zu früh dran sei.

Stefan setzte sich neben mich.

»Dann leiste ich dir inzwischen Gesellschaft, vorausgesetzt, du hast nichts dagegen«, schlug er vor und legte seine Jacke auf den Hocker. Da ich ohnehin höchst ungern alleine in einer Bar sitze, war ich natürlich sofort einverstanden. Stefan bestellte zwei Gläser Rotwein und als sie serviert wurden, prosteten wir uns lächelnd zu. Als Petra schließlich eintraf, verabschiedete er sich baldigst, um uns Damen nicht beim Frauentratsch zu stören.

Gut gelaunt machte ich mich kurz nach zweiundzwanzig Uhr auf den Heimweg. Die Zeit mit Petra war im Nu vergangen, so viel hatten wir zu besprechen. Die meiste Zeit redete ich. Endlich hatte auch ich einmal Spannendes aus meinem Leben zu berichten. Meine Freundin war begeistert von meinen Erzählungen aus dem Achtsamkeitswochenende im Frühsommer. Sie zerkugelte sich fast, als ich ihr von unserem heimlichen Aperol-Genuss berichtete.

»Diesen Jonny würde ich zu gerne einmal erleben. Das nächste Mal bin ich dabei, versprochen. Und nicht nur ihn, auch den Buddha in mir möchte ich unbedingt kennenlernen.«

Ein bisschen Ruhe und Achtsamkeit würden ihr ebenfalls nicht schaden, dachte ich. Petra ist ein Mensch, der immer in Eile ist und am liebsten auf fünf Hochzeiten gleichzeitig tanzt.

Das prickelnde Abenteuer von Susannes und meiner gemeinsamen Kneipentour durfte ich auf keinen Fall auslassen. Daher berichtete ich meiner Freundin ausführlichst von dieser rauschenden Nacht, inklusive meines harmlosen Flirts und meiner unermüdlichen Ausdauer beim Tanzen. Petra schaute mich mit großen Augen an und sagte ungläubig: »Mensch, was du in den letzten Monaten alles erlebt hast! Das ist ja nicht zu fassen. Da war einiges los bei dir, ich erkenne dich kaum wieder.«

Als wir uns später vor der Bar voneinander verabschiedeten, versprachen wir uns hoch und heilig, nicht mehr so lange mit dem nächsten Treffen zu warten. Es hat so gutgetan, mit meiner Freundin zu plaudern und zu lachen. Ich beschloss, in Zukunft meine Freundschaften wieder vermehrt zu pflegen. Keine Zeit für diese wichtigen Dinge des Lebens zu haben ist eine schlechte Ausrede und gilt ab sofort nicht mehr. Denn wie sagt Stefan immer?

»Zeit hat man nicht, die nimmt man sich.«

Wo er recht hat, hat er recht mein lieber Coach.

Als ich ziemlich aufgekratzt zu Hause ankam, freute ich mich darauf, Sebastian von der neuen Weinbar und dem Abend mit meiner Freundin zu erzählen. Gut gelaunt steckte ich den Kopf ins Wohnzimmer. Sebi sah sich gerade die Sportschau an und schenkte mir keinerlei Beachtung. Das Einzige, was er murmelte, war: »Sieh mal einer an, auch schon da? Na dann, bis morgen, ich wünsch dir eine gute Nacht. Ich bleib noch ein wenig auf.«

Das war alles, bevor er sich wieder dem Fernseher zuwandte. Ich war perplex, konnte es kaum glauben. Kein Wort, ob ich einen netten Abend verbracht hatte.

Irgendeine Laus wird ihm schon über die Leber gelaufen sein. War wohl nicht so gut sein Tag heute, dachte ich und beschloss, Nachsicht walten zu lassen. Vielleicht sollte ich nicht immer alles so persönlich nehmen.

Trotzdem schade, ich hätte gerne noch ein wenig mit ihm geplaudert, aber von Sebis mürrischer Miene ließ ich mir den Abend mit Petra nicht verderben. In letzter Zeit war mein Mann nicht gerade bester Laune, warum auch immer. Obwohl am nächsten Tag Samstag war und ich frei hatte, ging ich ins Bett und nutzte die Zeit, um in meinem spannenden Thriller weiterzulesen.

***

Immer öfter bemerke ich, wie Sebi mich verstohlen mustert, ähnlich einem Wissenschaftler, der mit allergrößtem Interesse ein seltenes Insekt durch ein Mikroskop betrachtet, meistens, wenn er sich unbeobachtet glaubt. Ich benehme mich dann so, als bemerkte ich es nicht. Obwohl er mir in diesen Momenten fast ein bisschen leidtut, so kann ich meine Schadenfreude nicht unterdrücken. Soll er sich ruhig ein wenig Gedanken machen. Nach seinem gestrigen Verhalten hält sich mein Mitleid ohnehin in Grenzen.

Gestern Vormittag haben Sebastian und ich beim Einkaufen Stefan Müller getroffen. *So ein Zufall*, dachte ich zunächst amüsiert. Am Vorabend in der Weinbar und tags darauf in der Rosenheimer Fußgängerzone! Erfreut über die günstige Gelegenheit, stellte ich die beiden einander vor. Es wurde höchste Zeit, dass Sebi endlich den Mann kennenlernte, mit dem ich so viel Zeit verbrachte und der mein Leben durcheinanderwirbelte – im positiven Sinne. Was dann kam, das kann keiner verstehen, der nicht dabei war. Wie ein Platzhirsch hat Sebastian sich aufgeführt. Demonstrativ legte er seinen Arm um meine Schulter und presste sich eng an mich, gerade so, als wolle er sein Revier abstecken und die Besitzverhältnisse klären. So was von peinlich! Stefan schmunzelte ein wenig und erkundigte sich, ob ich gestern noch einen netten Abend gehabt hätte. Dann begann er, Sebastian in ein freundliches Gespräch zu verwickeln. Dieser gab sich ungewöhnlich wortkarg und behauptete, wir müssten sofort weiter, hätten leider keine Zeit zum Plaudern. Es gäbe Wichtigeres zu tun. Ich wusste zwar nicht, was das sein sollte, aber auf alle Fälle habe ich mich selten so geschämt. Sebis Verhalten war extrem unfreundlich. Ich kann einfach nicht verstehen, was in ihn gefahren ist. So kenne ich Sebastian gar nicht. Normalerweise ist er ein sehr umgänglicher Mensch. Lustig, gesellig, schon aufgrund seines Berufes kann er sich mit jedem unterhalten. Zumindest dachte ich so bis gestern.

Er wird doch nicht eifersüchtig sein?, frage ich mich zum wiederholten Male. Na ja, eigentlich war er bereits gestern Abend und auch heute Morgen ziemlich schlecht gelaunt. Wer weiß, vielleicht hat ihn jetzt die Midlife-Krise erwischt. Vom Alter her würde es passen, besser als zu mir.

Was mir aber noch viel wichtiger ist: Was denkt jetzt bloß Stefan von meinem Mann? Als Coach ist er darauf geschult, das Verhalten anderer zu analysieren. Wahrscheinlich ist sein Gedanke nun: Kein Wunder, dass die Frau eine Therapie braucht; bei diesem Mann an ihrer Seite, einem Patriarchen der alten Schule. Wie sollte sie da neben diesem Alphamännchen, das sich aufplustert wie ein Pfau, Raum für sich finden, für ihre Selbstverwirklichung?

Jedenfalls freue ich mich nicht auf unsere nächste Sitzung. Sollte ich Sebastian verteidigen oder wäre es klüger, gar nicht auf sein Benehmen einzugehen? Wir werden sehen, ob und wie Stefan auf dieses peinliche Zusammentreffen reagiert.

***

»Ach was, das muss dir nicht peinlich sein, denk dir nichts dabei«, beschwichtigt mich Stefan. Ich kann nicht anders, als Sebastians Verhalten beim nächsten Mal anzusprechen und mich dafür zu entschuldigen – gleich zu Beginn der Sitzung, um mögliche Missstimmungen aus dem Weg zu räumen.

»Außerdem sollte dir nie das Benehmen eines anderen peinlich sein«, sagt er lächelnd. »Du bist nicht für das Verhalten deines Mannes verantwortlich.«

»Weißt du, Marie, es ist ganz normal, dass der Partner nicht hellauf begeistert ist, wenn sich sein Gegenüber plötzlich zu verändern beginnt und zunehmend ein anderer zu sein scheint. Damit muss der Partner erst einmal klarkommen. Dein Mann möchte seine alte Marie wiederhaben. Darüber hinaus schien er mir ein wenig eifersüchtig zu sein, dein Göttergatte. Glaube mir, dies schadet nicht und mich ehrt es sogar ein wenig.«

Daraufhin schlägt er vor: »Nutze die Gunst der Stunde und überlege dir, ob und was ihr zusammen unternehmen könntet, nur ihr beide als Paar. Vielleicht einen gemeinsamen Tanzkurs?«

Eine schöne Idee. Was den Tanzkurs betrifft, bin ich zwar nicht sehr optimistisch, aber ein Versuch ist es trotzdem wert. Vielleicht lässt sich Sebi überreden – aufgrund seines schlechten Gewissens. Stefan hat recht. Ein wenig Zweisamkeit würde uns mit Sicherheit guttun. Ich habe das Gefühl, wir driften immer weiter auseinander.

***

»Du Sebi, was hältst du von einem Tanzkurs?«, wage ich meinen Mann am nächsten Abend zu fragen. »Es wäre so schön, wieder öfter etwas gemeinsam zu unternehmen, nur wir beide als Paar. Ich glaube, es würde uns guttun. Tanzen ist gesund und gut fürs Gedächtnis.«

Ich halte die Luft an und warte gespannt auf seine Reaktion.

Der Kopf meines Mannes bewegt sich ruckartig vom Fernseher weg in meine Richtung. Sein Blick ist zutiefst erschrocken, als hätte ich vorgeschlagen, ein weiteres Kind zu bekommen oder mit einem anderen Mann durchzubrennen.

»Wie kommst du denn auf diese Schnapsidee? Hat dir das etwa auch dieser Müller eingeredet? Du weißt genau, dass ich zwei linke Füße habe und absolut kein Rhythmusgefühl im Blut. Ich bin doch kein Tanzbär und mach mich lächerlich. Und du weißt genau, ich hab‘s im Rücken.«

Um ehrlich zu sein, hatte ich auf meinen Vorschlag keine andere Reaktion erwartet. Dennoch bin ich enttäuscht, wie schnell und herrisch er meinen Wunsch abtut. Daher erwidere ich schnippisch:

»Ja, auf dem Sofa und im Wirtshaus wird dein Rücken mit Sicherheit nicht besser werden. Mein Mitleid hält sich in Grenzen. Du bist auf Tod und Teufel versichert, zahlst horrende Prämien und schaffst es trotzdem nicht, zur Massage oder zur Physiotherapie zu gehen; weil du zu faul bist oder warum auch immer. Ich weiß es nicht. Ein bisschen Bewegung würde dir nicht schaden, weder deinem Rücken noch deinem Gewicht.«

Ich bin ungerecht und gemein zu Sebi, aber nur, weil ich so furchtbar enttäuscht bin. Fast tut er mir leid, als er mich verdattert anschaut und meint:

»Du brauchst gar nicht so schnippisch zu sein. Außerdem verstehe ich nicht, warum du plötzlich behauptest, dass wir nichts gemeinsam machen. Das stimmt doch gar nicht. Wenn du unbedingt meinst, wir sollten als Paar mehr unternehmen, könnten wir statt des Tanzkurses nicht ins Kino oder noch besser, etwas essen gehen? Das wäre mir um Ecken lieber.«

Das glaube ich ihm aufs Wort. Typisch mein Mann. Ins Wirtshaus zu gehen ist er selten zu faul.

Er denkt kurz nach und sagt dann erfreut:

»Wir haben ohnehin bald Hochzeitstag, da gehen wir zwei schön essen. Wohin du willst, versprochen!«

Sein gönnerhafter Ton geht mir auf die Nerven. Glaubt er ernsthaft, er könne mich mit ein paar Brotkrumen oder einem feinen Leckerli bei Laune halten. Das funktioniert vielleicht bei Garfield, aber nicht bei mir – nicht mehr.

Für Sebi zumindest ist das Thema hiermit erledigt. Er scheint zufrieden mit seinem Vorschlag und wendet seine volle Aufmerksamkeit wieder dem Fernseher zu. Auf dem Bildschirm läuft gerade ein Formel-1-Rennen. Das darf er auf keinen Fall versäumen. *Mann* muss Prioritäten setzen. Resigniert drehe ich mich um. Ich bin bereits halb aus der Tür, da wagt er tatsächlich zu fragen: »Bringst du mir einen Kaffee, Schatzi?«

Ich tue so, als würde ich ihn nicht hören.

ENDLICH KLARTEXT

Der Oktober ist ins Land gezogen. Wir wurden von einem ungewöhnlich warmen September verwöhnt. Die letzten Ferientage genossen wir in vollen Zügen, wir machten Ausflüge an den See und grillten im Garten. Vor drei Wochen hat das neue Schuljahr begonnen. Wie jedes Jahr brauchten Flo und Lukas eine Zeit lang, sich wieder an den Schulalltag zu gewöhnen, insbesondere an einen geregelten Schlafrhythmus. Ich war heilfroh, dass der Alltag wieder einkehrte – im Gegensatz zu meinen Jungs. Ihrer Ansicht nach waren die Sommerferien wie immer viel zu kurz gewesen. Ich kann sie gut verstehen. Die schier endlosen Ferien waren bereits zu meiner Schulzeit das Highlight des Jahres, und ich fieberte ihnen bereits im Juni entgegen. Sie versprachen Freiheit und Unendlichkeit, unbeschwerte Tage im Schwimmbad, begleitet vom Geruch nach Pommes, Eis und Sonnencreme. Nie wieder in meinem Leben hatte ich dieses berauschende Gefühl von unbändiger Lebenslust verspürt, und ich gönnte es meinen Kindern von Herzen.

Letzten Samstag fand die Abschlussfeier der Zwillinge statt. Beide hatten ihre Masterprüfung mit Bravour bestanden, und wir alle waren furchtbar stolz auf unsere Mädels.

Im August fuhren Sebi, Flo und ich für eine Woche an die Adria. Nach vielen Jahren Pause machten wir endlich wieder einmal Urlaub in Caorle. Sebi und ich schwelgten in romantischen Erinnerungen. Vor einer halben Ewigkeit verbrachten wir in diesem bezaubernden Badeort unseren ersten gemeinsamen Urlaub. Und ich wünschte mir so sehr, in diesem Sommer mit ihm dorthin zurückzukehren. Damals wohnten wir in einem einfachen Hotel, in einem winzigen Zimmer. Das Hotel gab es immer noch. Ich hätte nichts dagegen gehabt, dort zu wohnen, doch Sebi streikte. Er war der Ansicht, das wäre zu viel der Nostalgie. Darüber hinaus hätten wir uns durchaus ein wenig Komfort verdient. Also stiegen wir in einem 4-Sterne-Hotel in erster Reihe ab. Was auch nicht schlecht war. Die Woche in Italien hat uns beiden sehr gutgetan. Mir war bewusst, dass ein paar Tage Urlaub nicht die Lösung unserer Probleme waren, aber es war ein Anfang. Auf jeden Fall war es eine willkommene Abwechslung, fern von zu Hause, vom Alltag, vom Kiosk, vom Fußballplatz. Wir genossen die Sonne, das Meer und das unvergleichliche italienische Flair. Italien ist nicht nur ein Land, Italien ist ein Lebensgefühl, ich liebe es. Nirgendwo sonst ist »Dolce Vita« so spürbar, Lebensfreude so greifbar. Und es war genau das, was ich gebraucht habe; etwas, das ich mir viel öfter gönnen sollte.

Wir schlemmten Pizza, Pasta und Meeresfrüchte, schleckten Eis und tranken Aperol.

Flos Anwesenheit war kaum zu spüren gewesen. Die meiste Zeit hatte er sich hinter seinem Smartphone und seinen *Mangas* versteckt. Das sind seltsame Comics, die aus Japan stammen und von hinten nach vorne gelesen werden. Abgesehen von Büchern, die er im Deutschunterricht lesen muss, sind diese Comics die einzige Lektüre, für die sich unser Jüngster interessiert.

Lukas hatte gestreikt und war daheim geblieben. Er meinte, er wäre nun wirklich zu alt, um mit seinen Eltern wegzufahren. Immerhin sei er jetzt erwachsen. Vor kurzem hatte er seinen achtzehnten Geburtstag gefeiert. Die Zwillinge waren in Kroatien unterwegs, um ihren Abschluss zu feiern. Und so freute sich unser Sohnemann, das Haus endlich wieder einmal für sich allein zu haben. Dabei hoffte ich inständig, es würde bei unserer Rückkehr noch stehen. Lukas ist nämlich prädestiniert, in unserer Abwesenheit ausschweifende Partys zu feiern. Überraschenderweise fanden wir bei unserer Rückkehr das Haus blitzsauber vor. Ich vermutete, dies war das Werk meiner Mutter. Mit Sicherheit schaute sie hin und wieder vorbei, hauptsächlich, um sauber zu machen und unserem hungrigen Sohn Mahlzeiten zu bringen. Lukas ist Mamas Sonnenschein. Nie im Leben würde sie ihn verpetzen.

Auch Stefan Müller war drei Wochen in Urlaub gewesen. Nächste Woche steht unser letzter Termin an. Aus den geplanten sechs Sitzungen sind nun doch einige mehr geworden. Jede Einzelne war ihr Geld wert, obwohl Stefan mich nicht selten an meine Grenzen brachte, mich fluchen und schier verzweifeln ließ. Mein Coach ist zur

Überzeugung gekommen, dass ich jetzt so weit sei, eine längere Pause zu machen und das Nest zu verlassen. Ich denke, er hat recht. Obwohl ich mir gar nicht vorstellen kann, dass unsere gemeinsame Zeit nun endgültig vorbei sein sollte. Am liebsten würde ich ein Nesthocker bleiben. So viel hatte ich im letzten Jahr von ihm gelernt. Ich danke Susi von Herzen für ihren Tipp. Stefan hat mein Leben verändert – nicht nur meins, unser aller Leben. Es ist nicht übertrieben, wenn ich das behaupte. Was sich noch alles im Leben meiner Lieben verändern wird, werden sie heute Abend erfahren.

***

Fünf grüne Augenpaare sind auf mich gerichtet. Lukas sieht leicht genervt aus, vermutlich, weil ich ihn vom Sporttraining abhalte und seinen Zeitplan durcheinanderbringe. Die Zwillinge mustern mich neugierig. Kurz nach dem Abschluss ihres Studiums sind sie aus der Wohngemeinschaft in München ausgezogen und nach etlichen Jahren wieder mit Sack und Pack zu Hause eingezogen. Seitdem habe ich noch mehr Chaos und Wäsche. Es scheint, als wäre für meine Mädels der Begriff Ordnung in den letzten Jahren ein Fremdwort geblieben.

Sebis Blick kann ich nicht richtig deuten. Irgendwie sieht er ängstlich aus. Er wird doch wohl nicht die Befürchtung hegen, dass ich ihn verlassen werde? Ausgerechnet jetzt, wo es endlich wieder besser zwischen uns beiden läuft, so gut wie schon lange nicht mehr. In den letzten Wochen hatte ich deutlich gespürt, dass sich mein lieber Mann bemühte – mit ausreichend Luft nach oben.

Nach der gestrigen Abschlusssitzung bei Stefan beschloss ich, dass sich bei uns zu Hause einiges ändern musste, und zwar nachhaltig. Ich werde nun endlich mehr für mich einstehen und mir erlauben, meine Bedürfnisse und Wünsche zu äußern. Manchmal ist es eben unumgänglich, die Dinge deutlich und klar auszusprechen. Schließlich sind meine Lieben keine Hellseher, Männer schon gar nicht. Aus besagtem Grund hatte ich während des Mittagessens eine Familienkonferenz für acht Uhr abends angekündigt. Ausnahmslos jeder sollte anwesend sein. Dabei wurde ich von allen verwundert angesehen und mit Fragen gelöchert, was denn los sei. Ich blieb stur. Kein Wort hatte ich im Vorfeld verraten. Nun sitzen alle gespannt am großen Küchentisch und warten ruhig, bis ich die Konferenz eröffne. Nur Flo zappelt ungeduldig auf seinem Stuhl herum. Trotzdem ist es mucksmäuschenstill im Raum. Man könnte eine Stecknadel fallen hören. So viel Aufmerksamkeit habe ich seit Ewigkeiten nicht mehr erhalten. Es fühlt sich wunderbar an.

»Also ...«, beginne ich, »ich habe mehrere Punkte auf meiner Tagesordnung.«

Lukas stöhnt. »Wie lange dauert denn deine Sitzung? Ich hab nicht ewig Zeit.«

»Bis alles gesagt ist«, teile ich ihm mit. »Wenn du nicht dazwischen quatscht, bin ich schneller fertig.«

»Also, Punkt eins ist folgender«, beginne ich erneut und schaue Sebi an, »ab sofort werden wir uns Sonntag auf dem Fußballplatz abwechseln. Dein Bruder wird es mit Sicherheit verkraften, hin und wieder ohne dich auf den Flohmarkt zu fahren.«

Richtig begeistert schaut mein Mann nach dieser Ankündigung nicht aus, er nimmt sie jedoch schweigend zur Kenntnis.

»Punkt zwei betrifft euch vier Kinder. Jeder räumt in Zukunft sein Zimmer selbst auf, die Schmutzwäsche landet in der Waschküche und die saubere Wäsche gefaltet im Kleiderschrank. Alle gewaschenen Socken werde ich in einen Korb legen, und jeder von euch fischt sich seine zwei passenden heraus. Ich habe dieses leidige Sockenthema endgültig satt. Es macht mich schier wahnsinnig. Alles klar?«

Unsere Kinder schauen mich verdattert an. Lena und Anna zucken die Schultern.

»Gott sei Dank betrifft uns das alles nicht mehr, weil wir eh nicht mehr lange da sind. Wir haben eine Wohnung in Rosenheim gefunden und ziehen hier noch vor Weihnachten aus.«

Okay, gut zu wissen. Aber muss es ausgerechnet vor meinem geliebten Weihnachtsfest sein? Dem schönsten Fest des Jahres. Wahrscheinlich ist nie der richtige Zeitpunkt, seine Kinder endgültig ziehen zu lassen. Alt genug sind sie schließlich meine Mädels, und da sie nächste Woche ihren ersten richtigen Job antreten werden, kommt der Auszug nicht wirklich überraschend. Somit wird auch meine nächste Forderung leichter zu erfüllen sein, als ich dachte.

»Punkt drei: Ich brauche einen eigenen Raum«, stelle ich entschieden fest. »Hierfür bietet sich jetzt natürlich das Zimmer von Anna und Lena an. Wir werden beim Ausräumen alle zusammenhelfen, damit ich es so bald wie möglich für meine Zwecke nutzen kann.«

«Wieso das denn, Mama? Wofür brauchst du einen eigenen Raum für dich?«, beschwert sich Flo. »Du bist eh meistens in der Küche. Lukas und ich möchten das Zimmer zum Zocken und Netflix schauen haben, am besten mit einer chilligen Couch. Alle in meiner Klasse haben einen eigenen Raum dafür. Du jammerst eh immer, wenn wir in unserem Zimmer alle Geräte laufen haben, von wegen Strahlung, Hitze, Staub und so weiter.«

Aha, alle. Eindeutig ein Fall des Übergeneralisierens. Mir kann man nicht mehr so leicht etwas vormachen. Ich bin vorbereitet.

»Okay, dieser Punkt wird vertagt. Darüber reden wir ein anderes Mal«, beschließe ich und fahre mit meiner Liste fort. Endlose Raum-Diskussionen bringen in diesem Moment nur meinen strukturierten und wohl überlegten Plan durcheinander.

Ich schaue meinen Mann an.

»Sebi, Punkt vier betrifft dich. Wir beide werden ab sofort einen Abend in der Woche für unsere Zweisamkeit reservieren. Was wir an diesem Tag unternehmen, das werden wir abwechselnd entscheiden.«

Sebi schmunzelt. »Jawohl Frau Generalin, das lässt sich mit Sicherheit einrichten. Sonst noch was?«

»Ja, da wäre tatsächlich noch etwas. Gut, dass du fragst. Und zwar werde ich das letzte Oktoberwochenende nicht hier sein. Ich fahre nach Südtirol, in den *Waldfrieden* – und zwar alleine.«

»Warum?«, fragt Sebi erstaunt.

»Ganz einfach, weil ich es will. Ich wünsche mir dieses Wochenende, und ich werde es machen. Das Zimmer ist bereits gebucht.«

»Ja dann, viel Spaß. Mach dir keine Sorgen, wir kommen schon zurecht«.

Sebi reagiert erstaunlich gelassen auf meine Ansage. Es scheint so, als wäre es ihm sogar recht, dass ich ein paar Tage nicht da sein werde. Na ja, auf alle Fälle ist mir dieses Verhalten lieber als ein Einspruch von seiner Seite.

Ich freue mich nämlich wahnsinnig auf meine Auszeit, insbesondere auf die Ruhe und das Alleinsein. Ich kann ihn kaum erwarten, den Blick aus dem Raum der Stille – auf die herbstlich buntverfärbten Blätter der Bäume; umrahmt von Jonnys schmeichelnder Stimme und seinen weisen Worten. Ich werde schaukeln, lesen, in mein schönes Tagebuch schreiben, spazieren gehen und meine Seele baumeln lassen. Nicht nur ich, auch mein innerer Buddha wird sich über meine Auszeit freuen.

HEIMKOMMEN

Eine große, mir bisher unbekannte Ruhe breitet sich in mir aus. Ich lasse die letzten Tage wie einen Film an mir vorüberziehen. Es fühlte sich an wie Heimkommen, als ich am Freitagvormittag meinen Mini in die Einfahrt des *Waldfriedens* lenkte. Mein erster Weg führte mich auf die Holzschaukel im Garten. Es kam mir so vor, als wäre es erst gestern gewesen, als ich übermütig geschaukelt hatte, bis mir schwindlig geworden war. Im Schaukeln bin ich inzwischen um einiges geübter. Unzählige Spielplätze habe ich in den letzten Monaten unsicher gemacht. Nicht nur einmal haben mich die Mütter seltsam angeschaut und über meine kindliche Begeisterung ihre Köpfe geschüttelt. Es war mir egal.

Als ich Jonny am Freitagabend nach mehr als einem halben Jahr wieder gegenüberstand, musste ich mir ein Grinsen verkneifen. In diesem Moment konnte ich nicht anders, als an meinen Traum vor einigen Monaten zu denken. Dieser skurrile Traum, in dem er mir befahl, zu atmen und mein Leben als Geschenk anzusehen. Wie von ihm befohlen habe ich gelernt, das Geschenk wertschätzend anzunehmen – in kleinen Schritten. Ich habe es ausgepackt, jedoch nicht zur Gänze. Denn ich habe das untrügliche Gefühl, dass in Zukunft noch einiges zum Vorschein kommen wird. Und ich freue mich darauf.

All diese Gedanken trage ich in mir, als ich im Schneidersitz im Raum der Stille sitze. Allein. Die anderen Teilnehmer von Jonnys wunderbarer Meditation sind bereits vor geraumer Zeit verschwunden. Ich hatte das Bedürfnis, noch eine Weile hierzubleiben, um Abschied zu nehmen. Jonny nickte mir zu und verließ lächelnd den Raum. Mein Blick fällt aus dem Fenster der großen Glasfront, die einen uneingeschränkten Blick auf den Wald freigibt. Die Bäume wiegen sich im Wind. Die letzten Oktobertage waren ungewöhnlich kalt gewesen und das bunt gefärbte Herbstlaub, das ich mir erhofft hatte, war leider Mangelware. Heute Morgen war plötzlich ein spätherbstlicher Sturm aufgezogen. Die letzten verbleibenden Blätter werden in einer starken Windböe von den Bäumen gefegt und legen sich wie ein Teppich auf das große Feld. Es ist ein wahres Schauspiel der Natur, dieses Spiel der Jahreszeiten. Kraftvoll und immer wiederkehrend, jedes Jahr aufs Neue. Beständigkeit und Veränderung zugleich. Wie im Leben. Nichts bleibt beim Alten. Nichts ist für immer.

Plötzlich konnte ich meine früheren Bedenken, ohne Begleitung in Urlaub zu fahren, absolut nicht mehr nachvollziehen. Ich hatte das Alleinsein in den letzten Tagen in vollen Zügen genossen und hatte nicht das geringste Bedürfnis nach Gesellschaft verspürt. Ich habe viel gelesen und bin jeden Tag im Wald spazieren gegangen. An den bereits kühlen Abenden entfachte der Hausmeister den offenen Kamin in der gemütlichen Lounge. Ein knisterndes Feuer verströmte behagliche Wärme. Beim Blick in die Flammen verspürte ich eine noch nie da gewesene Zuversicht – die vertrauensvolle Gewissheit, dass alles gut werden wird.

Langsam stehe ich vom Boden auf. Sehr langsam. Die erste Yogastunde meines Lebens hat Spuren hinterlassen. Mir tut alles weh, ich kann mich kaum rühren. Aber es fühlt sich definitiv gut an, meinen Körper zu spüren. Jonny meinte, ich hätte Talent und sollte unbedingt am Ball bleiben. Als Anreiz schenkte er mir sogar eine Yogamatte.

Nach einem letzten Blick auf die, sich im Wind wiegenden Bäume schließe ich leise die Tür hinter mir. Ich gehe auf mein Zimmer und packe meine Sachen. Es ist Zeit, nach Hause zurückzukehren – zu meinen Lieben und dem ganz normalen Wahnsinn des Familienalltags. Es ist nicht zu glauben, aber ich kann es kaum erwarten.

***

Als ich am Sonntagabend in unsere Straße einbog, sah ich, wie Sebis Bruder Max in einem weißen Lieferwagen im Eiltempo aus unserer Ausfahrt brauste. *Nanu*, dachte ich verwundert. *Seit wann fährt denn mein lieber Schwager einen Lieferwagen?* Das war mir neu.

Sebastian wartete bereits vor der Haustüre, um mich zu begrüßen. Ich schmunzelte. Scheinbar konnte er es kaum erwarten, mich wiederzusehen. Er nahm mir meinen Koffer aus der Hand und führte mich mit aufgeregtem

Gesichtsausdruck ins Haus. Auf meine Frage, wo die Kinder seien, zwinkerte er mir zu und meinte, wir hätten das Haus eine Weile nur für uns. Plötzlich band er mir ein Tuch über meine Augen und führte mich vorsichtig in den Flur. Einen klitzekleinen Moment hatte ich meinen Mann ernsthaft in Verdacht, sich während meiner Abwesenheit erotische Tipps bei Dr. Schreyer geholt zu haben. Dabei wusste ich nicht genau, ob ich entsetzt oder erfreut sein sollte. Ich hatte mich ohnehin getäuscht.

»Während deiner Abwesenheit waren Max und ich nicht ganz untätig.« Der Stolz in seiner Stimme war nicht zu überhören. Hatten sie heute wieder gute Geschäfte auf dem Flohmarkt gemacht? Das würde den Lieferwagen erklären.

Ich wunderte mich, als Sebi mich die Treppe hoch in den ersten Stock führte. Wartete etwa doch ein romantisches Stelldichein im Schlafzimmer auf mich? Nein, das war es nicht, es ging noch weiter nach oben.

»Vorsicht, steile Stufe!«, ermahnte mich mein Mann, als ich beinahe stolperte. Was sollte ich denn bitte am Dachboden? Ich hatte nicht die geringste Ahnung, was mein Göttergatte mit mir vorhatte, ließ mich jedoch neugierig führen. Als wir an der obersten Stufe der Dachbodentreppe angekommen waren, befreite er mich von meiner Augenbinde. Ich blinzelte kurz und starrte einen Moment lang ungläubig auf die niedrige Tür, hinter der seit Jahren unsere Gartenmöbel, alte Schulsachen und anderes Gerümpel verstaut war.

»Maries Genussinsel« stand in schwungvoll geschriebenen Buchstaben auf der alten Holztüre. Theatralisch öffnete Sebi die Tür und blickte mich erwartungsvoll an. Ich

schlug die Hände vors Gesicht und konnte kaum glauben, was ich sah. Mit großen Augen blickte ich mich in meiner Genussinsel um. Ungläubig inspizierte ich den ehemals vollgestopften Speicher. Während ich im Waldfrieden alle Viere von mir gestreckt hatte, waren Sebi und sein Bruder Max fleißig wie die Heinzelmännchen gewesen. Wo um alles in der Welt hat er das ganze Gerümpel verstaut? Ach egal, er wird schon einen Platz gefunden haben. Ich war ohnehin viel zu begeistert davon, wie liebevoll Sebi den kleinen Raum eingerichtet hatte, um mir darüber unnötige Gedanken zu machen. Die nackte Glühbirne an der Decke war durch eine weiße, runde Lampe ersetzt worden, deren Strahlen sich wie die der Sonne über die alte Holzdecke ergossen und für eine wundervolle Atmosphäre sorgten. Sogar meine Hängematte aus dem Garten hatte Sebi neben dem kleinen Fenster aufgestellt. Ich musste lachen, als ich mich hineinfallen ließ. Mein Blick fiel exakt auf den Garten meiner Nachbarin, der neugierigen Vroni. Obwohl sie mich mit ziemlicher Sicherheit nicht sehen konnte, bereitete es mir eine diebische Freude, ihr lasziv zuzuwinken.

Die alte, wunderschöne, von Hand verzierte Truhe, die seit Monaten in unserer Garage gestanden hatte, schmückte den heimeligen Raum. Endlich erfüllte Sebis Flohmarkt-Gerümpel einen sinnvollen Zweck. Gemeinsam mit seinem Bruder hatte Sebi binnen kurzer Zeit eine Wohlfühloase erschaffen – meine Genussinsel. Ich war sprachlos und fiel ihm stürmisch um den Hals. Was war ich überrascht und gerührt! Das hätte ich ihm nicht zugetraut. Obwohl, praktisch veranlagt und handwerklich begabt ist er ja mein lieber Mann. Verstohlen wischte ich mir ein paar

Tränen weg. Was die beiden binnen der wenigen Tage während meiner Abwesenheit geleistet haben, war schier unglaublich. Sie müssen auf Hochdruck gearbeitet haben, Tag und Nacht. »*Ach, wie liebe ich diesen Mann*«, war mein Gedanke, »*um nichts in der Welt möchte ich ihn eintauschen. Wenn es darauf ankommt, ist eben doch Verlass auf ihn.*«

Nun stehe ich noch immer ganz verzückt in meinem neuen Reich. Seit meiner Rückkehr sind ein paar Tage vergangen. Leider hatte ich bis jetzt wenig Zeit gefunden, mich meiner Genussinsel in dem Ausmaß zu widmen, wie sie es verdient hatte. Ich war ziemlich im Einsatz gewesen die letzten Tage und wollte mir bewusst Zeit nehmen, den Raum schön zu gestalten – mit meiner ganzen Aufmerksamkeit. Genau aus diesem Grund habe ich mir heute freigenommen. Nachdem ich Susi von den Neuigkeiten berichtet hatte, kam sie gestern Abend spontan vorbei und schenkte mir zum Einstand einen großen goldenen Buddha. Auch sie war begeistert von Sebastians Werk und bestand darauf, sobald mein Rückzugsraum komplett eingerichtet sein würde, eine Flasche Prosecco zu köpfen und auf meine Genussinsel anzustoßen. Susi findet immer eine Gelegenheit, das Leben zu feiern.

Als Erstes breite ich meine neue Yogamatte aus und befestige meine Notfallliste an der Pinnwand. Diese Liste war Stefan Müllers Idee gewesen. Er nannte sie Notfallliste für den Alltag, eine Art *Erste-Hilfe-Liste*. Er meinte: »Wenn du wieder mal so eine Situation hast oder einen Moment, in dem es dir nicht so gut geht oder wenn dich deine Lieben ärgern, kannst du beherzt auf diese Liste zurückgreifen. Dann geh sie durch und frag dich: Was von diesen Dingen könnte ich jetzt tun, um meine Stimmung zu verbessern, um mehr Freude und Glück zu empfinden? Zieh dir das heraus, was in dem Moment möglich ist. Glaube mir, es gibt immer irgendetwas Gutes, das man sich selbst tun kann. Für das Glücksempfinden ist es wichtig, in das Gefühl einzutauchen, den glückseligen Zustand in deinem Geist hervorzurufen, um die richtige Schwingung zu erzeugen. Das wiederum ist reine Übungssache. Du wirst sehen, Marie, diese Liste ist ein wahrer Schatz.«

Meine Notfallliste ist ganz schön lang geworden. Wie viele andere, habe ich auch diese Hausaufgabe bravourös gemeistert. Ganz oben habe ich den Satz *»Folge der Freude«* geschrieben, und genau das werde ich in Zukunft beherzigen, denn wie sagte Stefan: »Es gibt einen großen Unterschied zwischen *ge-wusst* und *be-wusst* oder *kenn ich schon* und *mach ich schon*. Das soll heißen, liebe Marie: Theorie ist nicht gleich Praxis, du musst es auch leben.« Dann schmunzelte er und meinte: »Aber ich bin ganz unbesorgt, immerhin hattest du einen ausgezeichneten Lehrmeister.«

Damit meinte er wohl sich selbst. An Selbstbewusstsein mangelt es meinem Coach jedenfalls nicht. In dieser Sache hat er jedoch absolut recht, einen ausgezeichneten Lehrmeister hatte ich in ihm tatsächlich gefunden, dank Susi.

Ich ordne einige meiner Bücher in das schöne Holzregal und stelle meinen Sprüche-Kalender, den ich im Waldfrieden gekauft habe, auf. Daneben lege ich eine kleine Lautsprecherbox für das Hören von Entspannungsmusik. Auf den Boden lege ich einige weiche, bunte Kissen und meine kuschelige Lieblingsdecke. Den Buddha stelle ich auf die wunderschöne Holztruhe. Mit einem breiten Grinser schaut er mich an.

Perfekt! Zufrieden schaue ich mich in meinem neuen Reich um. Ja, es sieht bereits richtig heimelig aus, es ist etwas ganz Besonderes geworden.

Apropos besonders: Die Affirmation, die mit der besonderen Frau – Stefans Hausaufgabe aus einer der ersten Sitzungen – hat seit damals eine gänzlich andere Bedeutung gewonnen. Das häufige Üben hat sich gelohnt. Sie fühlt sich plötzlich stimmig an, komplett anders als damals.

Ich bin eine ganz besondere Frau, voller Kraft und Lebensfreude. Ist das nicht großartig?

Übrigens bin ich zu einer weiteren Erkenntnis gelangt: Ein Name tut überhaupt nichts zur Sache. Auch eine Marie ist für Außergewöhnliches bestimmt.

Glücklich und stolz drehe ich mich um und öffne die Tür. Halt, etwas habe ich vergessen! Ich ziehe den Liebesbrief an mich aus meiner Hosentasche, nehme ein Buch aus dem Regal und verstecke ihn darin. Noch ist die Zeit nicht gekommen, ihn zu lesen. Aber bald, ganz bald ist es so weit und ich freue mich darauf.

ANGEKOMMEN

WEIHNACHTEN IST EIN GEFÜHL

Heiligabend

Unsere ganze Familie ist an unserem großen Küchentisch versammelt. Wir genießen das köstliche Lebkuchen-Parfait, das meine Mama mitgebracht hat. Was das Zubereiten von Kuchen und Nachspeisen betrifft, ist meine Mutter unschlagbar. Sie hätte Köchin oder Konditorin werden sollen. Meine Eltern waren erstaunt über meine Einladung an Heiligabend. Aber es war eine offensichtlich freudige Überraschung. Es ist lange her, dass wir das Weihnachtsfest gemeinsam gefeiert haben. Sogar Karo ist gekommen. Ich hatte mir dieses Jahr gewünscht, dass wir alle zusammen in unserem Zuhause feiern. Es war mir ein Bedürfnis, dieses turbulente Jahr mit meinen Lieben ausklingen zu lassen.

Die Stimmung am Weihnachtsabend ist mit nichts zu vergleichen. Es riecht nach Zimt, Nelken, Tannenduft und Kerzen. Es riecht nach Hoffnung, Aufregung, Kindheit und Familie. Und es erinnert mich an mein erstes Achtsamkeitswochenende im Waldfrieden; als Jonny uns erzählte, dass Düfte Kindheitserinnerungen hervorrufen können.

Auch mein Papa hat sich diese kindliche Freude bewahren können, und er lässt es sich nicht nehmen, nach dem Essen das Glöckchen zur Bescherung zu läuten. Seit jeher war dies sein Part in unserer Familie. Und er hat es geliebt und zelebriert, als Karo und ich klein waren und es kaum erwarten konnten, endlich den ersten Blick auf den Christbaum und vor allem auf die Geschenke zu erhaschen.

Apropos Karo. Mein kleines Schwesterlein sieht heute irgendwie anders aus. Sie strahlt mehr von innen heraus und sie wirkt wesentlich ruhiger und gelassener als sonst. Sogar ihre besserwisserische Ader scheint dem Weihnachtsfrieden gewichen. Später, beim gemeinsamen Abwasch flüstert sie mir aufgeregt zu, sie habe jemanden kennengelernt. Er sei Kunde des Geschäfts, in dem sie arbeitet. Es wäre zwar ganz frisch, sehe jedoch sehr vielversprechend aus. Und es fühle sich warm und richtig an. Raphael sei Witwer und Papa eines zehnjährigen Mädchens, raunt sie mir verschwörerisch zu und errötet dabei leicht. Meine kleine Schwester ist verliebt! Es geschehen immer wieder Zeichen und Wunder. Dass ich das noch erleben darf! Auf jeden Fall gönne ich es ihr von Herzen. Es wäre schön, wenn Karo endlich jemanden in ihr Herz lassen und ihren Schutzpanzer ablegen würde.

Genüsslich löffle ich den Rest meiner Nachspeise in mich hinein und blicke in die vertrauten Gesichter meiner Familie. Dabei lasse ich mir Zeit und beobachte jedes unserer Kinder ganz genau. In jedem ihrer Gesichter finde ich

Züge von mir oder Sebi, in Flos auch von meinem Vater. Er ist seinem Opa am ähnlichsten. Trotzdem sind sie alle Individuen und einzigartig. Ich staune abermals darüber, welche vier Wunder wir erschaffen haben, mein Mann und ich. Ich fühle mich leicht beschwipst, nein, regelrecht betrunken, nicht vom Wein, sondern vor lauter Glück und Dankbarkeit, für das Leben und für meine großartige Familie. Dankbarkeit ist tatsächlich ein passender Schlüssel fürs Glück. Stefan und dieser Francis Bacon hatten absolut recht. Wie schön und bunt es ist, mein Leben im Kreise dieser lieben Menschen. So vertraut. Vertrautheit entsteht im Laufe der Zeit und sie ist ein kostbares Geschenk. Sie entsteht durch geteilte Freude und auch durch gemeinsam erlebtes Leid. Vor allem aber durch unzählige Dinge, die der Alltag mit sich bringt: Liebe, Lachen, Ärger, Frust, Ungeduld, Wut, ja sogar Langeweile. Das ist echte Familie. Unbezahlbar. Ein Fels in der Brandung – mein Fels. Ich bin nicht allein, ich fühle mich geliebt, geborgen und getragen, im Schoß meiner Familie.

SEBASTIAN

ENDLICH IST WIEDER ALLES GUT

Alle packen ihre Geschenke aus und reden laut und wild durcheinander. Ein riesiger Haufen an zerrissenem Geschenkpapier ist über den Holzboden verstreut.

Der ganze Familienclan ist dieses Jahr an Heiligabend um unseren Esstisch versammelt. Marie strahlt mit der Lichterkette des Christbaums um die Wette. Sie ist ganz in ihrem Element, Weihnachten war schon immer ihr Lieblingsfest. Ich glaube, das hat sie von ihrem Vater geerbt. Es ist kaum zu glauben, aber mit Mitte siebzig war er heute aufgeregt wie ein kleines Kind, als er vorhin das Glöckchen läuten durfte.

Bereits im November muss ich jedes Jahr die schweren Kartons mit der Weihnachtsdekoration aus dem Keller nach oben schleppen, und dann wird im ganzen Haus geschmückt, was das Zeug hält. Und wehe, niemand von uns bemerkt es. Dann kann Marie richtig ungemütlich werden.

Für mich ist dieses Weihnachtsfest ebenfalls ein besonderes, denn endlich ist bei uns zu Hause wieder Ruhe und Frieden eingekehrt. Weihnachtsfrieden. Es wurde auch höchste Zeit. Das vergangene Jahr hatte es echt in sich. Bisweilen habe ich ernsthaft am guten Ausgang dieser ganzen Coachinggeschichte gezweifelt, und nicht nur einmal Susanne verflucht. Eine Zeit lang war ich tatsächlich ratlos, und das will was heißen, denn so schnell bringt mich normalerweise nichts aus der Fassung. Es braucht ja keiner zu wissen, doch im Nachhinein muss ich gestehen, dass dieser Stefan gar nicht so übel ist. Wir müssen nicht beste Freunde werden, aber seine Coachingmethoden erwiesen sich letzten Endes als durchaus erfolgreich, wie man an Marie sehen kann, obwohl sie etwas unkonventionell sind. Vielleicht wäre er sogar der geeignete Mann für unseren Betrieb. Kommunikationstechnisch liegt hier nämlich in letzter Zeit so einiges im Argen. Ich werde mich mal schlaumachen, ob er auch Firmencoachings macht.

Marie hat sich verändert, nicht unbedingt zum Schlechten. Es gefällt mir, wie sie plötzlich auftritt: Selbstsicher, wieder mehr von sich überzeugt, im Alltag merklich gelassener. Sie nörgelt und jammert nicht mehr ständig wegen Kleinigkeiten, im Gegenteil, manchmal teilt sie sogar Lob aus. Vor allem scheint sie endlich wieder glücklich zu sein – mit ihrem Leben, mit uns. Ihr neu erwachtes Selbstbewusstsein erinnert mich ein wenig an früher, an die Zeit, als wir uns kennengelernt haben. Es macht sie irgendwie sexy, wenn ich das so sagen darf. In dieser speziellen Sache hat sich ebenfalls einiges zum Guten gewendet. Ein Kavalier schweigt und genießt.

Lukas und Flo hat sie ganz schön im Griff. Sie lässt ihnen nicht mehr alles durchgehen und hat klare Regeln aufgestellt, die natürlich zu Beginn gehörig für Missmut bei unseren zwei Jungs sorgten. Sie waren nicht gerade gut auf Stefan Müller zu sprechen, bis sie schließlich die Vorteile gesehen haben, vor allem, dass ihre Mutter nicht mehr so klammert und zu akzeptieren beginnt, dass sie langsam flügge werden.

Hin und wieder lässt meine sonst so fleißige Marie sogar den Haushalt einfach Haushalt sein, um Zeit in ihrer geliebten *Genussinsel* zu verbringen. In dieser Sache bin ich richtig stolz auf mich. Okay, Max war nicht ganz unbeteiligt, der eigentliche Initiator jedoch war ich. Den Dachboden während ihrer Abwesenheit als Wohlfühloase umzufunktionieren war eindeutig die beste Idee, die ich seit Langem hatte. Nicht zuletzt, weil ich überzeugt bin, dass es seit damals wieder bergauf mit uns beiden ging. Der Einfall mit dem gemeinsamen Tanzkurs war auch nicht schlecht, obwohl mir bereits gehörig davor graut. Lange dauert's nicht mehr, bis ich das Tanzbein schwingen muss. Hoffentlich ziehe ich mir keinen Hexenschuss zu. Ob ich mich da nicht ein bisschen zu weit aus dem Fenster gelehnt habe? Vielleicht hätte es das gar nicht mehr gebraucht. Jetzt ist es ohnehin zu spät und was tut man nicht alles, um seine bessere Hälfte bei Laune zu halten? »Happy wife, good live«, heißt es so schön.

Auf jeden Fall bin ich heilfroh, dass sich in den letzten Wochen wieder alles beruhigt hat. Das neue Jahr kann kommen – hoffentlich weniger turbulent als das vergangene, denn schön langsam werde ich zu alt für Aufregungen dieser Art.

EPILOG

RÜCKBLICK UND AUSBLICK

Bei all den Turbulenzen und Erkenntnissen in diesem Jahr, und das waren gewiss nicht wenige, wurde mir etwas ganz Wichtiges bewusst: Sebastian und ich fahren noch immer auf derselben Straße des Lebens. Fast hätte ich daran gezweifelt – an mir, an ihm, an uns als Paar. Hin und wieder mache ich kleine Ausflüge mit mir allein, biege in Seitenstraßen ein oder verweile an Baustellen, mal mehr, mal weniger geduldig. Aber letzten Endes treffen wir uns immer wieder an der Hauptstraße, der Straße unseres gemeinsamen Lebens. Und darüber bin ich unglaublich froh und dankbar. Immer alleine auf Reisen zu sein wäre mir viel zu langweilig, und es würde mich letzten Endes nicht glücklich machen.

In den letzten Monaten habe ich gelernt, mir ohne schlechtes Gewissen meine kleinen Freiheiten zu nehmen. Was Self-Care betrifft, bin ich inzwischen beileibe keine Anfängerin mehr. Zu Beginn war ich etwas zaghaft unterwegs, doch ich gewöhne mich immer mehr daran.

Stefan hatte also recht mit dem Gewöhnungseffekt. Da ist eindeutig was dran.

Ich habe seinen Ratschlag beherzigt und begonnen, Sebi und die Kinder häufiger zu loben. Anfangs reagierten sie regelrecht misstrauisch, weil sie es nicht kannten. Daran konnte ich erkennen, wie sehr sie sich bereits an meine Nörgelei gewöhnt hatten. Seither ist unser Familienleben um einiges entspannter und harmonischer geworden. Sogar der Ordnungssinn meiner Lieben hat sich zum Positiven verändert. Wer hätte das gedacht? Es sieht ganz danach aus, als wäre Lob eine stärkere Motivation als ständiges Jammern.

Mir ist bewusst, dass in unserer Familie nicht alles Heile-Welt ist, und ich ärgere mich natürlich immer noch über manche Dinge. Ich habe jedoch festgestellt, dass mein Umgang mit den Widrigkeiten des Alltags anders geworden ist; aus dem Grund, weil ich gelernt habe, gut auf mich zu achten und meine Bedürfnisse besser wahrzunehmen. Ich trage nicht mehr dieses ohnmächtige Gefühl in mir, dass mein Leben eintönig vor sich dahinplätschert.

Ich bin neugieriger und aktiver geworden, ruhiger und lebendiger zugleich. Ich spüre mich und meinen Körper wieder besser, nicht zuletzt aufgrund des Yogas, das ich seit einiger Zeit regelmäßig praktiziere. Jonnys Yogamatte übt eine magische Anziehungskraft aus.

Vor allen Dingen bin ich stolz. Stolz auf mich und meine Familie.

Übrigens, Sebi hat Frieden mit Stefan Müller geschlossen. Letzten Endes hat er eingesehen, dass er keine Bedrohung für ihn darstellt. Bin ich froh! Über das Projekt Liebesbrief habe ich meinen Mann aufgeklärt. Wegen des zufälligen Zusammentreffens in der Weinbar habe ich ihn im Unklaren gelassen, denn die Eifersucht meines Göttergattens hat unserer Ehe definitiv nicht geschadet, im Gegenteil. Sie hat ihn angetrieben, endlich in die Gänge zu kommen und unsere Beziehung nicht als selbstverständlich anzusehen. Sebi hat eingesehen, dass eine Ehe Pflege und Einsatz bedarf, auch wenn sie noch so vollkommen scheint. Letzte Woche bin ich aus allen Wolken gefallen. Er hat mir einen Gutschein für einen Tanzkurs geschenkt. Ein Vorweihnachtsgeschenk hat er es genannt. Mitte Januar geht es los. Es geschehen tatsächlich noch Zeichen und Wunder, wer hätte das gedacht? Sogar ein Sebastian Gruber ist nicht unbelehrbar und noch immer für eine Überraschung gut.

Dieses Jahr werden wir Silvester nicht in unserem Haus feiern. Ich habe mich getraut, zu unseren Freunden »Nein« zu sagen. Ich tat es freundlich, aber bestimmt. Und es war gar nicht so schwierig, wie ich gedacht hatte. Wir werden den Jahreswechsel in einer privaten Berghütte mit Familie und Freunden verbringen. Susis Mann Erwin hat seine Kontakte spielen lassen und eine urige Hütte mit Übernachtungsmöglichkeit gefunden. Es ist genügend Platz vorhanden, um in großer Gesellschaft zu feiern, und ich freue mich sehr auf die Verabschiedung dieses besonderen Jahres. Ich finde, es hat einen würdigen Abschied verdient.

Was ich auch mit absoluter Sicherheit weiß, ist, dass meine Reise heute und hier noch nicht zu Ende ist. Der Ozean ist groß und das Leben zu kurz, um nur in seichten

Gewässern zu planschen. Was hatte Jonny mir damals in diesem absurden Traum befohlen? Schwimm endlich raus, Marie. Meine Lust auf einen Schwimmkurs hält sich in Grenzen. Alles der Reihe nach, ich übe mich in Geduld und Zuversicht. Auch das habe ich im letzten Jahr gelernt. Bei unserer Abschlusssitzung sagte Stefan: »Liebe Marie, ich möchte dir noch einen letzten gutgemeinten Rat mit auf den Weg geben: Hab Vertrauen, sei geduldig und vor allem – bleib dran. Auch Rom wurde nicht an einem Tag erbaut. Bedeutende Dinge brauchen Zeit, sie entstehen nicht auf die Schnelle.«

Ich musste lächeln. Mein Coach hat doch immer einen passenden Spruch auf seinen Lippen. Ich werde ihn und unsere Gespräche vermissen, nicht zuletzt aufgrund des regen geistigen Austauschs. Ich hatte ganz vergessen, wie gierig mein Gehirn auf geistige Nahrung ist. Gute Gespräche sind leider Mangelware; redet man doch meistens über Belangloses, ganz normale alltägliche Dinge halt. Aber jetzt brauche ich dringend eine Pause. Ich nutze sie, um auf meinen wundervollen Genussinseln zu verweilen. Meine Wohlfühloase auf dem Dachboden ist zu einem wertvollen Rückzugsort und Ruhepol geworden. Es ist kaum zu glauben, aber sobald ich die Tür hinter mir schließe, gleite ich augenblicklich in den Entspannungsmodus; als würde ich meine Alltagshaut abstreifen und mich auf eine Insel der Glückseligkeit begeben.

Ich erlaube mir guten Gewissens, meine bisher erreichten Etappenziele gebührend zu feiern und vor allem sie zu genießen.

Ich lasse mir die Sonne ins Gesicht scheinen und lebe. Das ist im Moment alles, was ich brauche.

Danke

WAS ICH NOCH SAGEN WOLLTE

Es sieht ganz danach aus, als würde Marie nach all den Strapazen und Erkenntnissen des letzten Jahres eine wohlverdiente Pause machen. Sei es ihr vergönnt. Diese Rast kann sie gut gebrauchen, denn bald geht es weiter auf ihrer Abenteuerreise. Neue Turbulenzen lassen nicht lange auf sich warten. Es ist noch einiges drin in der Wundertüte Leben.

Ich kann Marie jedoch gut verstehen, denn hin und wieder braucht es einfach eine Pause, damit sich die Dinge sortieren können, insbesondere nach so intensiver Persönlichkeitsarbeit.

Stefan hat sich zweifelsfrei als Glücksgriff erwiesen. Ich wünsche jedem Menschen einen Stefan Müller an seiner Seite, einen Mentor, der ihm in herausfordernden Zeiten die Hand reicht. In manchen Lebensphasen ist fachmännische Hilfe von großem Nutzen, vor allem eine andere Perspektive kann sehr wertvoll sein – ein neutraler Blick von außen, um die Dinge wieder im richtigen Licht zu sehen, denn oft sehen wir selbst die Dinge nicht so, wie sie tatsächlich sind. Wir sehen sie meist so, wie wir sind, mit all unseren Prägungen und bisherigen Erfahrungen unseres Lebens.

Genau wie bei meiner Protagonistin Marie kamen auch bei mir in einer herausfordernden Zeit zum richtigen Zeitpunkt die richtigen Menschen in mein Leben. Ein scheinbarer Zufall oder das Gesetz der Resonanz? Manche davon verabschiedeten sich wieder nach einer gewissen Zeit, und das war in Ordnung. Einige blieben. Sie alle haben mir auf ihre Art und Weise gezeigt, wie vielseitig, anders, leicht und wunderbar das Leben sein kann – eine Wundertüte, um es in Maries Worten auszudrücken. Viel Schönes habe ich bereits auspacken dürfen. Aber genau wie Marie bin ich felsenfest davon überzeugt, dass noch einiges zum Vorschein kommen wird.

In den letzten Jahren habe ich gelernt, wie wichtig es ist, mich nicht beirren zu lassen, den Vergleich außen vor zu lassen, dafür authentisch zu sein und meinen eigenen Weg zu gehen. Auch wenn er sich nicht immer als bequem und einfach gestaltet, er ist der einzig Richtige. Ich habe erkannt, dass ich nicht alles alleine schaffen muss, und auch DU musst das nicht. Es ist kein Zeichen von Schwäche, um Hilfe zu bitten, im Gegenteil, es zeugt von Stärke und Mut. Und es erleichtert ungemein.

Ich wünsche DIR viele wunderbare Menschen an deiner Seite und bei Bedarf diese helfende Hand, die dich führt, ähnlich einem Kompass, der dir den richtigen Weg aufzeigt. Lass dich nicht von lästigen Baustellen, Staus und Umleitungen aus dem Konzept bringen. Manche Dinge brauchen ihre Zeit und andere wiederum stellen sich als die nicht Richtigen heraus. Laut meinen Erfahrungen gibt es kein Scheitern, jede Erfahrung lässt uns lernen und neue Erkenntnisse gewinnen.

Ich bedanke mich herzlich bei all den wundervollen Menschen, die mich in den letzten Jahren begleitet haben, die mich sowohl gefordert als auch gefördert haben. Sie haben verborgenes Potenzial aus mir herausgekitzelt und mein Leben bereichert. Einige davon sind meine Mentoren Christian, Tobi und Ute. Meine Autoren-Kolleginnen Kathi und Martina und meine liebe Kurskollegin Katja haben mich ebenfalls in vielen Dingen inspiriert. Wäre ich nicht so mutig und offen für Neues gewesen, hätten wir uns wohl nie kennengelernt. Ich bin unglaublich froh, dass sich unsere Wege gekreuzt haben. Schön, dass es euch gibt! Ich widerlege hiermit die Meinung von Maries Mutter, ab einem gewissen Alter ließen sich keine neuen Freundschaften mehr knüpfen. Mütter haben nicht immer recht.

Was die Begleitung meines Buchprojekts betrifft, habe ich wieder einmal erkennen dürfen, dass es keine reinen Zufälle gibt. Meine Lektorin Julia und meine Buchgestalterin Kristin sind mir auf wundersame Weise zugeflogen. Ich weiß nicht, wer oder was hier im Spiel war. War es das Universum oder war es das Aussenden der richtigen Frequenzen von meiner Seite? Vielleicht war es auch nur Facebook. Wie auch immer, neulich habe ich einen passenden Spruch dazu gelesen, der es haargenau auf den Punkt bringt:

Zufall bedeutet, wenn Gelegenheit
auf gute Vorbereitung trifft.

Ich bin vorbereitet.

Am allermeisten möchte ich meinem großen Familienclan danken, insbesondere meinem Mann und unseren drei Kindern – meinen vier Lieblingsmenschen.

Marie hat es ganz wunderbar auf den Punkt gebracht und spricht mir damit aus meiner tiefsten Seele: Familie ist ein Geschenk, sie ist ein Rückzugsort und eine Kraftquelle, ein Platz, an dem wir ganz wir selbst sein können. Familie fängt uns auf, wenn wir fallen. Sie bedeutet Vertrautheit und bedingungslose Liebe. Diese Vertrautheit entsteht im Laufe der Zeit. Sie entsteht durch geteilte Freude und nicht zuletzt durch gemeinsam erlebtes Leid. Vor allem jedoch durch unzählige Dinge, die der Alltag mit sich bringt: Lachen, Freude, Übermut, Ärger, Frust, Ungeduld, Wut, ja sogar Langeweile. Das ist echte Familie, unbezahlbar und zudem das beste soziale Lernfeld, das es gibt.

Meine Lieben begleiten mich nun bereits eine ganze Weile auf meinem Weg und sehen mehr oder weniger großzügig über meine künstlerischen, schriftstellerischen, teils chaotischen und zweifelbehafteten Anwandlungen hinweg. Meine plötzlich auftretenden Begeisterungsstürme und immer wieder neue Ideen bringen sie manchmal schier zum Verzweifeln. Immer können sie mich nicht verstehen; aber geht es nicht genau darum in Beziehungen – um Toleranz, Akzeptanz und gegenseitige Wertschätzung, den anderen so sein zu lassen, wie er ist. Mein Mann bemüht sich sehr, obwohl er überzeugt ist:

»Eine Künstlerin in den Wechseljahren
ist das Schlimmste, was einem Mann passieren kann.«
(Zitat meine bessere Hälfte)

Ich liebe diesen Spruch, er spiegelt mich auf wundersame Weise wider. Schriftsteller müssen nicht immer artig und »normal« sein, sie dürfen hin und wieder auch launenhaft, exzentrisch, kreativ und besonders sein.

Ich habe kein Erbarmen, mein Mann packt das.

Übrigens, etwaige Ähnlichkeiten zwischen den männlichen Protagonisten und meinen vier Männern sind natürlich rein zufälliger Natur. Sollte irgendwer etwas anderes behaupten, dem sei getrost, dass ich es vehement abstreiten werde. Denn:

»Der größte Vorteil beim Schreiben ist, man darf sich
Geschichten ausdenken.
Was ist Fiktion – Was ist Wahrheit?
Das Wissen um das wahre Mischverhältnis ist das Privileg des Schriftstellers.«
(Zitat ICH)

Ich habe es geliebt, dieses Buch zu schreiben und mit Wahrheit und Fiktion zu spielen. Die Arbeit war wunderschön, obwohl sie manchmal auch nervenaufreibend war und mich nicht selten an meine Grenzen brachte. Marie und ihre Lieben sind im Laufe der Zeit wie eine zweite Familie für mich geworden; Menschen, von denen ich mich nur schwer trennen kann, aber nun wird es endgültig Zeit. Ich habe mein »Baby« lange genug gehegt und gepflegt, jetzt ist es geboren und wird in die Welt entlassen, um dich kennenzulernen. Ich wünsche euch eine schöne gemeinsame Zeit – voller achtsamer und glücklicher Momente.

Ein allerletzter Nachsatz:

Wie du bereits weißt, ist Marie mittlerweile eine große Befürworterin von Affirmationen. Und auch ich habe diese wertvolle Möglichkeit zu schätzen gelernt. Darum kann ich es mir nicht verkneifen, dir noch eine letzte Affirmation mit auf den Weg zu geben – sozusagen als Hausaufgabe:

Ich glaube an mich und ich vertraue mir.
Ich habe alles in mir, was ich brauche, um glücklich zu sein.

Entscheide dich für das Glück in deinem Leben und schwimme auf deine ganz persönliche Genussinsel.

AHOI und ENDE

Geboren 1971, lebe ich in St. Johann in Tirol, mit meinem Mann, unseren drei Söhnen und Kater Pauli. Bücher spielten schon immer eine große Rolle in meinem Leben. Als ich vor ein paar Jahren aufgrund einer Brustkrebserkrankung verzweifelt ein Ventil für meinen inneren Aufruhr suchte, begann ich, schreibend meiner Seele Ausdruck zu verleihen. Zeitgleich machte ich eine Ausbildung zum Mentalcoach. So ergab sich plötzlich ein großes Ganzes, das sich stimmig und rund anfühlte. Heute liebe ich es, meine persönlichen Erfahrungen, gepaart mit meinen Kenntnissen weiterzugeben – in Büchern, Blogbeiträgen, Vorträgen und Schreibworkshops.

Es bereitet mir viel Freude, mit meinen Worten Menschen zu berühren, zu inspirieren und zum Nachdenken anzuregen; ihnen Mut zu machen, nach Lebenskrisen und herausfordernden Zeiten wieder Stück für Stück in ihre Kraft und Lebensfreude zu finden – das Leben trotz Hindernisse und Stolpersteine als Geschenk anzunehmen.

Wenn du mehr über mich erfahren möchtest, folge mir auf meinen Kanälen auf Instagram @sylvis_tummelplatz und Facebook und besuche mich auf meinem Schreibventil. (www.mentalesschreibventil.at)

Dort findest du auch meine Bücher »Ein ganzes Jahr« und »Mrs. Perfekt und das Unkraut im Garten«

Hier ist der Code für dein persönliches
Rosa-Kuvert-Coaching für mehr Genuss im Alltag.
Ich wünsche dir viel Freude und Erfolg.

Deine Sylvia